Jana Frey · Höhenflug abwärts

Bisher von Jana Frey im Loewe Verlag erschienen:

Das eiskalte Paradies
Verrückt vor Angst
Der verlorene Blick
Höhenflug abwärts
Rückwärts ist kein Weg
Die vergitterte Welt
Luft zum Frühstück
Der Kuss meiner Schwester
Ich, die Andere
Ich spür mich nicht
Lass mich glücklich sein!

Jana Frey

Höhenflug abwärts

Marie nimmt Drogen

Für Marie
und für meine Freundin Patricia De Propris

Diese Geschichte basiert auf wahren Begebenheiten.
Die Namen und Schauplätze sind von der Redaktion geändert.

ISBN 978-3-7855-7272-6
6. Auflage 2022 als Loewe-Taschenbuch

Printed in the EU

www.loewe-verlag.de

Der Panther

Im Jardin des Plantes, Paris

Sein Blick ist vom Vorübergehn der Stäbe
so müd geworden, dass er nichts mehr hält.
Ihm ist, als ob es tausend Stäbe gäbe
und hinter tausend Stäben keine Welt.

Der weiche Gang geschmeidig starker Schritte,
der sich im allerkleinsten Kreise dreht,
ist wie ein Tanz von Kraft um eine Mitte,
in der betäubt ein großer Wille steht.

Nur manchmal schiebt der Vorhang der Pupille
sich lautlos auf –. Dann geht ein Bild hinein,
geht durch der Glieder angespannte Stille –
und hört im Herzen auf zu sein.

Rainer Maria Rilke

Prolog

„Am schlimmsten sind die Nächte", sagt Marie. „In den Nächten halte ich es manchmal fast nicht aus. Dann erinnere ich mich. Und es ist alles wieder da. Die Kälte, die merkwürdigen, farblosen Schatten, die Bäume und ihre Augen. Und diese Stille, die mir wehtut."

Marie schaut mich an. „Manchmal rede ich tagelang kein Wort. Ich denke auch nicht. Ich tue gar nichts. Ich bin dann nur mein Körper. Ein merkwürdiger Gedanke, dass man sein ganzes Leben lang immer nur in einem Körper bleiben muss. Ich würde gerne jemand anderes sein, immer noch. Aber wenigstens sterbe ich nicht. Ein paarmal dachte ich: Jetzt sterbe ich. Ich war völlig ohne Orientierung in diesem kalten Nichts ohne Anfang und Ende. Ich war richtig krank, körperlich krank. Damals habe ich immerzu Musik gehört. Zu Hause habe ich meine Anlage aufgedreht wie verrückt und unterwegs hatte ich meinen MP3-Player dabei. Jede Busfahrt, jeder Gang durch die Stadt, immer dröhnte mir Musik durch den Kopf. Jetzt mag ich es leise, richtig leise."

Marie seufzt und runzelt die Stirn. „Ich hätte nie gedacht, dass mir so etwas passieren könnte. Ich meine, ich bin doch nicht blöd. Ich habe Wir Kinder vom Bahnhof Zoo *gelesen, als ich dreizehn war, und jeder weiß schließlich, dass Drogen der letzte Mist sind. – Aber trotzdem ist es passiert. Mir ist es passiert. Manchmal will ich es nur vergessen, will einfach aufstehen und es abschütteln, wie ein Hund sich schüttelt, wenn er aus dem Wasser springt."*

Marie ist sechzehn.

„Manchmal versuche ich herauszufinden, wann und warum es angefangen hat. Warum hat es mich erwischt? Was ist mit mir? Manchmal weine ich stundenlang, dann wieder finde ich das lächerlich und versuche, normal, richtig normal zu sein. Ich lese gerne Hermann Hesse und mag Spezi mit viel Limo und wenig Cola. Ich gehe gerne in Museen, weil es dort so gut riecht, nach Staub und

Putzmittel und stehender Luft und alten Dingen. Wenn ich im Museum bin, laufe ich stundenlang durch die Räume und schaue mir alles an, immer wieder. Im Museum für Naturkunde kenne ich fast jeden Angestellten. Ich gehe auch gerne in den Waschsalon in unserem Wohnviertel. Dort riecht es nach Waschmittel und in der Luft liegt ununterbrochen das leise, monotone Rauschen der Waschmaschinen. Natürlich haben wir zu Hause eine eigene Waschmaschine und auch einen Trockner, aber ich gehe trotzdem oft in den Waschsalon und setze mich dort auf einen der vielen alten, abgewetzten Plastikstühle. Eine Zeit lang kam ich so oft, dass die Leute, die dort ihre Wäsche wuschen, mir zulächelten, wenn sie mich wiedererkannten. Eine alte Frau kam ein paarmal zu mir und erzählte mir ihr halbes Leben. Der Weltkrieg, ihre Ehe, ihre Kinder, ihre Einsamkeit, die Angst vor dem Ende.

Keiner von ihnen fragte mich je, warum ich in den Waschsalon kam, ohne Wäsche für die Waschmaschinen mitzubringen. Vielleicht fiel es aber auch einfach niemandem auf.

Außer Hermann Hesse, Spezi, Museen und Waschsalons mag ich Mister Allen, meinen Hund – und Pferde, aber nur aus der Entfernung. Wenn sie direkt vor mir stehen, habe ich Angst vor ihren riesigen, schweren Köpfen und ihrem heißen Atem. Ich mag auch meine Mutter, irgendwie. Und ich mag ein Foto von mir, auf dem ich und die Hände meines Vaters zu sehen sind. Es ist das einzige Foto von mir, das ich mag. Es hängt über meinem Schreibtisch. Ich mochte auch meine Oma, aber sie ist gestorben.“

Marie ist eine Weile still.

„Es gibt viel mehr Dinge, die ich nicht mag, als Dinge, die ich mag“, sagt sie schließlich seufzend. „Es gibt sogar eine Menge Dinge, die ich hasse. Ich hasse das Grab meiner Oma. Und ich hasse Friederike. Und mein Gesicht. Und meinen Körper. Und das, was mit mir passiert ist. Ich hasse meine Schule und meinen Klassenlehrer. Ich hasse meine Unruhe, meine Nervosität und meine Angst, ausgeschlossen und alleine zu sein.“

Plötzlich schaut mir Marie direkt in die Augen. „Ich weiß noch, wie es war, als ich die erste Pille geschluckt habe. ‚Elefant' stand drauf, und sie war zartgrün, und ein kleiner kugeliger Elefant war auf der glatten Oberfläche abgebildet. Ich habe sie geschluckt, einfach so, und habe mich wunderbar gefühlt. Es war an Weihnachten, sozusagen ..."

1

Damals fing es vielleicht an. Es war vorletzten Sommer nach den Sommerferien. Alles wurde anders. Erst um mich herum und dann in mir. Es passierten eine Menge Dinge gleichzeitig.

Ich kam in die neunte Klasse. Ich ging damals auf die Waldorfschule, in der mein Vater schon seit Jahren Oberstufenlehrer war. Seit der ersten Klasse war ich dort, eben wie es sein sollte. Unsere Klassenlehrerin zündete Tag für Tag zuerst eine schwere, behäbige Bienenwachskerze an, die in einem hölzernen Sternenkerzenständer stand, und danach ein Teelicht, das ein kleines Öllämpchen erwärmte, in das unsere Lehrerin Tag für Tag ein paar Tropfen Aromaöl tröpfelte. Meine ganze Schulzeit roch nach Rosen und Bergamotte, auch wenn mir das damals gar nicht besonders auffiel. Wahrscheinlich fällt einem nichts besonders auf, was ganz und gar normal ist.

Genauso wie die Sache mit der Klassensprecherwahl.

Seit der fünften Klasse wählten wir Sommer für Sommer zwei Klassensprecher. Und immer waren das Leon und ich gewesen. Leon spielt Klarinette und hat ein schönes Gesicht. Weil unsere Mütter Freundinnen sind, gingen wir schon zusammen in die Babykrabbelgruppe und in den Kindergarten. Zu meinem ganzen Leben gehörte Leon. Zu Laternenumzügen, Sommerferien in Holland und Schweden, zu Ausflügen und alltäglichen Nachmittagen, zu allem eben, was mein Leben ausmachte. Ich würde den Geruch von Leons Haut mit geschlossenen Augen unter hundert anderen Menschen heraus erkennen. Wenn ich an Leon denke, gehen tausend Erinnerungen durch meinen Kopf. Ich fühle seine Nähe, höre sein Lachen und sehe seine gerunzelte Stirn, wenn er Klarinette spielt.

„Du liebst ihn, das ist klar“, hat Franka einmal gesagt.

„Ich weiß nicht“, antwortete ich damals nachdenklich. „Er gehört zu meinem Leben, aber Liebe?“

Leon und ich haben uns ein einziges Mal richtig geküsst. Es war am Geburtstag seiner Mutter. Ich erinnere mich an den Abend, als wäre es gestern. Meine Mutter und seine Mutter saßen zusammen in der Küche am Tisch und wir hatten Tomaten mit Mozzarella und Ciabatta gegessen. Die Teller standen noch auf dem Tisch, dazwischen zwei leere Weißweinflaschen, eine Sherryflasche, eine Cola- und eine Fantaflasche, auch Leon mag Spezi, eine Mineralwasserflasche und ein paar Gläser. Es roch nach Basilikum und Balsamicoessig und Zigarettenrauch, denn Leons Mutter rauchte damals wie verrückt. Immer, wenn sie unglücklich verliebt war, rauchte sie wie verrückt, und immerzu war sie unglücklich verliebt.

Zwischen all den Flaschen und Gläsern und Tellern und einem überquellenden Aschenbecher stand eine ärgerlich beiseitegeschobene viereckige Glasvase mit langstieligen Rosen, die ziemlich die roten Blütenköpfe hängen ließen. Sie waren ein Geschenk ihres damaligen Freundes, aber schon ein paar Tage alt. Heute, an ihrem Geburtstag, hatte er sich nicht blicken lassen.

„Ich wünschte, sie würde aufhören, sich ständig in immer neue Trottel zu verlieben“, sagte Leon kopfschüttelnd. „Eines Tages wird sie garantiert Lungenkrebs kriegen von dieser sinnlosen Qualmerei.“

Leons Stimme klang besorgt und ärgerlich gleichzeitig. „Sie benimmt sich wirklich ziemlich lächerlich. Immer glaubt sie, diesmal das ganz große Los gezogen zu haben, und dann folgt der völlige Einbruch ...“ Leon schob seine Zimmertür hinter uns zu. „Ich habe das alles satt“, murmelte er düster und blieb mitten in seinem Zimmer stehen.

Und dann küsste er mich plötzlich. Es ging ganz schnell. Er presste einfach seine warmen Lippen auf meinen Mund und legte seine Hände auf meinen Hinterkopf. Ich war völlig überrumpelt. Leon hatte die Augen geschlossen, während meine offen waren. Ich schaute ihn die ganze Zeit an und traute mich nicht, mich zu bewegen. Es war eigenartig, Leon so nah zu sein.

Ich sah seine hellen, zarten Augenlider und seine glatte Stirn und ein bisschen von seiner sommersprossigen Nase. Dann war es vorbei und Leon machte Musik an und lächelte mir zu und sagte in die Musik hinein etwas, das ich nicht verstand. Zuerst wollte ich nachfragen, aber dann traute ich mich doch nicht, weil ich es peinlich fand, jetzt „Wie bitte?" oder „Was hast du gesagt?" zu fragen.

Bald danach fuhren meine Mutter und ich nach Hause.

Und dann kamen die Sommerferien, die Leon in Kanada bei seinem Vater verbrachte. Ich war für eine Weile mit Franka in England und für eine weitere Weile mit meinen Eltern in Schweden und den Rest der Zeit zu Hause in meinem Zimmer oder im Naturkundemuseum.

Leon schickte mir vier kanadische Ansichtskarten, die er alle mit „Kuss, dein Leon" unterschrieb.

Er fehlte mir. Von dem Kuss in seinem Zimmer hatte ich niemandem erzählt. Nicht einmal Franka, obwohl ich selbst nicht verstand, warum ich es nicht tat. Der Kuss war mein Geheimnis mit Leon. Es war mein erster Kuss gewesen. Franka hatte schon eine Menge Jungen geküsst, aber ich nur Leon. Und nur dieses eine Mal. Ein paarmal schaute ich mir mein Gesicht im Spiegel an. Ich sah meine glatten braunen Haare, meine schiefergrauen Augen mit den geraden Wimpern, meine gewöhnliche Nase und meinen schmalen Mund, den Leon geküsst hatte.

Franka war blond und sie hatte eine Stupsnase und weit

auseinanderstehende blaue Augen. Ich fand Franka viel hübscher als mich selbst. Franka war laut und lustig und immer ein bisschen verrückt, und sie konnte gut tanzen. Ich selbst tanzte eigentlich nie, ein paarmal hatte ich es versucht, aber ich fühlte mich nicht besonders wohl auf der Tanzfläche, wo mich alle von Kopf bis Fuß sehen konnten.

Manchmal lag ich stundenlang in meinem Zimmer auf dem Bett und tat nichts weiter, als den hellen Schatten zuzuschauen, die an meiner Zimmerwand tanzten, wenn die Sonne durch die Fensterscheibe schien.

Ich zerbrach mir den Kopf darüber, wie es sein würde mit Leon und mir nach den Ferien. Waren wir jetzt ein Paar? Liebte Leon mich? Liebte ich ihn? Was würden die anderen sagen, wenn Leon und ich tatsächlich ein richtiges Paar würden? War das Liebe? Wie würde es weitergehen?

Es war lange her, dass ich Leon nackt gesehen hatte, bestimmt sechs, sieben Jahre. Früher hatten wir uns im Schwimmbad immer in derselben Kabine umgezogen, aber irgendwann hatte das aufgehört. Ich erinnere mich noch genau an Leons kantige Schultern, an seine dünnen, sehnigen Arme und seine immerzu aufgeschlagenen Knie. Ich versuchte mir vorzustellen, wie es wäre, mit Leon Hand in Hand über eine Wiese zu laufen, so wie früher. Oder meinen Kopf gegen seinen nackten Oberkörper zu lehnen. Konnte man sich überhaupt in jemanden verlieben, der jahrelang der beste Kumpel gewesen war? Und mit ihm ein Paar werden?

Warum Leon mich wohl geküsst hatte an diesem Abend? Hatte er sich das vorgenommen oder war es ganz spontan passiert? Ob er jetzt in diesem Moment wohl auch an mich dachte?

Ich hatte seine kanadische Telefonnummer natürlich in meinem Adressbuch stehen, schließlich war Leon schon ein paarmal in den Ferien bei seinem Vater zu Besuch gewesen. Und früher hatte ich ihn ab und zu dort angerufen. Er selbst rief niemals aus Kanada an, seinem Vater war das zu teuer. Aber dieses Mal rief ich auch nicht an, obwohl ich den Telefonhörer schon in der Hand hielt.

Dann begann das neue Schuljahr und wir bekamen einen neuen Lehrer, der sich nichts aus Bienenwachskerzen und Bergamottduft machte, und eine neue Mitschülerin, Friederike.

2

Leon und ich trafen uns auf dem Schulhof. Es war sehr heiß, sogar der leichte Morgenwind war schon warm. Langsam ging ich auf Leon zu, der mit zusammengekniffenen Augen an einem Baum lehnte und sein Gesicht in die Sonne hielt. Es war wie immer nach den Ferien und es war gleichzeitig ganz anders.

„Hallo", sagte ich zögernd und blieb vor Leon stehen. Ich spürte meinen Herzschlag im ganzen Körper.

„Hallo", antwortete Leon, stieß sich vom Baum ab und lächelte mir zu.

„Wie braun du bist", sagte ich.

„Wie lang deine Haare geworden sind", sagte Leon und nahm vorsichtig ein paar meiner sommerlich ausgebleichten Haarspitzen zwischen seine Finger. Leon mochte lange Haare, das wusste ich.

Und in diesem Moment tat er es wieder. Er beugte sich zu mir hinunter und küsste mich. „Du hast mir fürchterlich gefehlt, Marie", sagte er.

„Du mir auch", sagte ich.

Nebeneinander gingen wir auf den Mittelstufenpavillon zu.

„Ich dachte, du würdest mich mal anrufen", sagte Leon. „Immer, wenn das Telefon geklingelt hat, war ich sicher, diesmal bist du es."

„Ich wollte dich anrufen", sagte ich mit Nachdruck. „Aber ..."

„Aber?", wiederholte Leon und schaute mich von der Seite an.

„Ich weiß nicht", sagte ich.

„Ich habe viel an dich gedacht", sagte Leon und zog die Pavillontür auf. „Ich habe dich vor mir gesehen, wie du mit selbstvergessenem Blick durch dein Museum wanderst, von Raum zu Raum, und dir alles darin zum tausendsten Mal ansiehst. Deinen Säbelzahntiger, dein Mammut, deinen verrückten Zweitonnen-Stegosaurus mit dem Minigehirn ..."

Wir lächelten uns zu. Und in diesem Moment sprach uns ein Mädchen an.

„Hallo, ich bin neu hier", sagte sie. In ihrer Stimme lag ein leichter Akzent. „Ich heiße Friederike", fuhr sie fort und schaute mehr Leon als mich an. Und Leon schaute zurück, schaute fasziniert und wie gebannt zurück. Das Mädchen war fast unnatürlich schmal und ihre Augen waren flaschengrün und sie hatte ein wunderschönes Lächeln.

„Ich habe die letzten Jahre in Oklahoma gelebt, mein Dad ist Amerikaner. Aber jetzt sind meine Mom und ich zurückgekommen", erklärte sie und fuhr sich durch die Haare. „Ziemlich heiß heute", sagte sie seufzend. Ihre Haare waren lang und rot und wild und lockig. Richtig schön war sie eigentlich nicht, aber trotzdem war sie schön. Genau genommen hatte ich noch nie einen so schönen Menschen gesehen, da war ich mir sicher. Leon schien das genauso zu sehen. Ich fühlte mich plötzlich eigenartig. Ich spürte, dass etwas geschah. Es war so offensichtlich und eindeutig. Es war, als zöge das rothaarige Mädchen Leon an unsichtbaren Gummibändern zu sich hinüber. Und Leon wehrte sich nicht. Natürlich blieb er neben mir stehen, aber das war nur äußerlich, denn er schaute Friederike immerzu an, und es kam mir so vor, als wäre er unter seiner Sonnenbräune blass geworden. Innerlich waren plötzlich Welten zwischen uns. Es war ganz klar: Leon hatte sich verliebt. In einer Sekunde war alles anders geworden.

Leon gehörte nicht mehr zu mir. Unsere Zeit war vorüber. Langsam, sehr langsam rührte er sich plötzlich.

„Ich heiße Leon“, sagte er vorsichtig. „Und das ist ... meine Freundin Marie.“

„Hallo, Marie“, sagte Friederike freundlich und richtete ihren Blick auf mich. Ich lächelte zurück, obwohl mir innerlich eiskalt wurde. Ich wollte schreien und aufhalten, was passieren würde. Sie würde mir Leon wegnehmen, einfach nur durch ihre Anwesenheit, durch die Tatsache, dass er sie seit heute kannte. Unsere Vergangenheit, unsere Vertrautheit, unser Kuss, alles würde zu Ende sein.

In diesem Moment kamen, wie in einem Schwall, die anderen. Franka, Kristina, Jakob, Murat, Lilli und Samir. Zwischen Leon und Franka stolperte ich benommen in die Klasse hinein. Friederike blieb irgendwo hinter uns zurück.

„Wo willst du sitzen?“, fragte Franka mich und schaute sich um. Immer gab es am ersten Schultag nach den großen Ferien ein Riesengedränge um die Sitzplätze. Alle wollten gerne in die Fensterreihe. Keiner favorisierte die Mittelreihe, wer es nicht schaffte, einen Platz in Fensternähe zu bekommen, wollte in die Türreihe. Und jeder wollte so weit wie möglich hinten sitzen.

„Ich ...“, stotterte ich und suchte Leons Blick.

„Marie, komm hier rüber“, rief Leon und ließ seinen Rucksack auf einen der hinteren Tische in der Fensterreihe plumpsen. War es möglich? Konnte doch alles gut sein? Hatte ich mir das alles nur eingebildet? Ich nickte Leon hastig zu und schaute mich dann nervös nach dem neuen Mädchen um. Friederike stand neben Samir. Samir stammt aus Algerien und ist wunderschön. Wie Friederike. Ich fühlte mich beklemmend unscheinbar und gewöhnlich und plump, als ich hastig an den beiden vorüberging.

„Alles klar?“, fragte Leon, als ich mich neben ihn setzte.

Ich nickte, aber ich konnte ihn nicht ansehen.

„Was hast du?“, fragte Leon. Seine Stimme klang angespannt und nervös. Er spürte ebenfalls, dass plötzlich etwas zwischen uns nicht mehr stimmte.

„Nichts“, sagte ich und drehte meinen Kopf weg. Meine Hände zitterten. Aus den Augenwinkeln bemerkte ich, dass Franka und Jasmin sich an den Nebentisch in der Mittelreihe gesetzt hatten. Mein Platz war also wieder zwischen Leon und Franka, so wie im vergangenen Jahr und im Jahr davor.

Ich war erleichtert, als unser neuer Klassenlehrer zur Tür hereinkam. Ab der Neunten hieß er bei uns Klassenbetreuer. Wir kannten ihn schon: Im letzten Jahr hatte er uns Werkunterricht gegeben.

„Hallo, alle zusammen“, begrüßte er uns freundlich und lächelte uns zu.

Und von dem Tag an gab es keine flackernde Bienenwachskerze und keine Duftöllampe mehr.

Alles wurde anders.

Die erste Schulwoche glitt an mir vorüber. Leon küsste mich morgens zur Begrüßung und mittags an der Bushaltestelle, ehe wir in verschiedene Richtungen davonfuhren.

Es waren kleine, kurze, eilige, fast verlegene Küsse, die mich verletzten. Früher hatten wir uns gar nicht geküsst, aber keine Küsse waren besser als eilige Küsse, die irgendwie schuldbewusst und geistesabwesend wirkten.

Friederike fuhr mit dem Fahrrad, zusammen mit Samir, der nur ein paar Straßen von ihr entfernt wohnte. Und alle mochten sie.

„Wann treffen wir uns mal?", fragte ich Leon, trotz dieser eiligen Küsse, an den ersten drei Schultagen. Aber Leon hatte keine Zeit.

„Zahnarzttermin", sagte er am Montag.

„Der Hund hat die ganze Nacht gekotzt, der muss zum Dackeldoktor", sagte er am Dienstag.

„Ich fahre mit Paula zu Theresa", sagte er am Mittwoch. Paula war Leons Mutter und Theresa war Leons Uroma. Seine Oma lebte seit zwei Jahren auf Lanzarote, was seine Uroma immer noch ärgerte.

Ich könnte im Wartezimmer auf dich warten.

Wir könnten zusammen zum Tierarzt gehen.

Ich bin schon früher mit zu Theresa gefahren.

Nichts davon sagte ich.

„Ach so", sagte ich stattdessen.

„Sei nicht sauer", bat Leon und schaute mich halb an und halb nicht an.

Ich schwieg.

„Du bist doch sauer", sagte Leon.

„Nein", erwiderte ich schnell.

Mehr sagten wir nicht. Aber ich sah die Blicke, mit denen er Friederike anschaute, ihren Rücken anstarrte. Friederike saß ganz vorne, neben Samir. Samir hatte mittellange schwarze Locken und Friederike hatte lange rote Locken. Schön sah das aus. Manchmal drehte Friederike sich ganz plötzlich für einen Moment um, so als spüre sie Leons Blick, und dann schaute Leon hastig weg. Ich konnte den Ruck, der durch seinen Körper ging, sehen und fühlen, und er tat mir weh.

„Was ist los mit dir?“, fragte Franka am Donnerstag.

Ich zuckte mit den Achseln und schwieg.

„Gehst du heute Nachmittag mit ins Schwimmbad?“, fuhr Franka fort. Wir saßen zusammen auf der kleinen Schulwiese neben der Sporthalle. „Die halbe Klasse kommt.“

Ich schüttelte den Kopf.

„Warum nicht?“, fragte Franka.

„Keine Lust“, sagte ich und dachte an Leon. Würde er wohl mit ins Schwimmbad gehen? Aber Leon hatte donnerstags Klarinettenunterricht. Was war mit Friederike?

„Ich glaube, ich gehe ins Museum“, murmelte ich und dachte an die Museumsmitglieder-Einladung, die zu Hause in meinem Zimmer an meiner Pinnwand steckte. Heute Nachmittag fand im Museum ein paläontologischer Vortrag über die Dinosaurier der Kreidezeit statt.

„Ist es okay, wenn ich mitkomme?“, fragte Franka.

„Hast du denn Lust?“, erkundigte ich mich misstrauisch.

Franka zuckte mit den Achseln. „Geht so“, sagte sie. „Aber ich mag mit dir zusammen sein. Wenn es sein muss, sogar zwischen deinen geliebten Dinosaurierknochen und verstaubten Fossilien. Und der Donnerstag ist, wie du weißt, mein einziger freier Nachmittag.“

Das stimmte, Franka war fast immer verplant. Sie spielte Cello, war in der Theater-AG und machte Tai-Chi.

Also trafen wir uns am frühen Nachmittag im Museum. Draußen war es so heiß, als wollte der Sommer noch einmal alles geben, was er zu bieten hatte. Natürlich war das eher Schwimmbadwetter als Museumswetter, aber das war mir egal.

„Hallo, Marie“, sagte die Frau an der Kasse und lächelte

mir zu, als ich meinen Mitgliedsausweis vorzeigte, mit dem ich kostenlosen Zutritt zum Museum hatte.

„Hallo, Bernadette“, sagte ich.

Als Franka ihr Portemonnaie hervorholte, um sich eine Eintrittskarte zu kaufen, winkte Bernadette großzügig ab und ließ meine Freundin ebenfalls umsonst hinein.

„Marie, wenn ihr noch zum Vortrag wollt, müsst ihr euch aber beeilen“, rief in diesem Moment ein baumlanger, sehr dünner Mann von der Treppe und tippte auf seine Armbanduhr. Es war Simon, der stellvertretende Museumsleiter. „Der Professor hat schon angefangen und es ist ziemlich voll!“

Franka und ich schauten uns an.

„Wir gehen lieber nur so ein bisschen herum“, sagte ich zu Simon und sah, dass Franka aufatmete. Wir liefen schweigend durch den Fischfossilien-Saal und anschließend durchquerten wir die Dinosaurierfrühzeit. Schließlich standen wir vor einem hermetisch verschlossenen Schaukasten, in dem ein mumifizierter Pterodactylus-Saurier lag.

„Es ist wegen Friederike, habe ich recht?“, sagte Franka plötzlich.

„Was?“, stotterte ich.

„Dass du so mies drauf bist, meine ich“, fuhr Franka fort.

Ich schwieg und starrte weiter auf den knittrigen, mumifizierten Dinosaurierkörper.

„Es ist ja nicht zu übersehen, was mit Leon los ist“, sagte Franka.

Also sahen es alle.

„Aber es war doch klar, dass sich einer von euch mal verlieben würde, in irgendwen“, sagte Franka. „Deswegen bleibt ihr doch trotzdem Freunde.“

Aber wir hatten uns gerade verliebt – ineinander – irgendwie.

Der Kuss. Warum hatte ich Franka nur nichts von dem Kuss erzählt? Jetzt war es zu spät. Schließlich wollte ich mich nicht noch lächerlicher machen.

„He, Marie, nun sag mal was", bat Franka.

Aber ich schwieg weiter. Ich fühlte mich wie ausgeknipst. Ganz aus der Ferne bekam ich mit, wie ich meine heiße Stirn gegen die kühle Scheibe des Schaukastens lehnte.

„Und überhaupt", fuhr Franka fort und streichelte kurz meinen Rücken, während sie sprach. „Ich glaube, Friederike will gar nichts von Leon. Sie hängt doch dauernd mit Samir zusammen."

Ich schwieg und schwieg und schwieg.

„Komm, gehen wir mal weiter", sagte Franka irgendwann. Und das taten wir. Wir sahen den Archaeopteryx und den kleinen Compsognathus und das nachgebaute Skelett des riesigen Tyrannosaurus Rex. Ganz am Ende des Saales stand mein Lieblingsdinosaurier: der plumpe Stegosaurus mit den unzähligen, stumpfen Zähnen und dem winzigen Gehirn in seinem riesigen Schädel. Friedlich, freundlich, naiv lächelte er vor sich hin. Genau hier hatte ich schon unzählige Male zusammen mit Leon gestanden. Alles, was er über dieses Museum wusste, hatte ich ihm erzählt. Dabei war es seine Mutter gewesen, die uns beiden zu unseren neunten Geburtstagen im März und im April den ersten Museumsmitgliedsausweis geschenkt hatte. Aber nur ich hatte meinen seit damals immer wieder verlängert.

Stumm starrte ich auf den stummen Stegosaurus-Saurier. Und dann fing ich an zu weinen.

„Mensch, Marie", sagte Franka erschrocken und legte ihren Arm um mich. „Du bist eben doch in den Blödmann verliebt!"

Ich zuckte mit den Achseln und weinte weiter. Tonlos,

aber unfähig, wieder aufzuhören. Ich spürte, wie nass mein Gesicht war, und als ich zu dem gesprenkelten Museumsboden hinunterschaute, tropften meine Tränen auf die Erde wie dicke Regentropfen.

„Marie, um Himmels willen, was ist passiert?“, hörte ich plötzlich Simons Stimme. Ich machte mich so klein wie möglich. Eine Antwort hatte ich für den besorgten Museumsleiter nicht.

„Nach Hause, bitte …“, flüsterte ich Franka zu.

Und dann gingen wir.

Marie, um Himmels willen, was ist passiert?, hatte Simon gefragt. Wir liefen die backofenheiße Straße entlang. *Ich wusste, was passiert war. Ich war unwichtig, unbedeutend, unscheinbar. Eine lästig gewordene Kindheitserinnerung, dürr, blass, nichtssagend. Vergangenheit, eben.*

„Ich hasse alles“, flüsterte ich und trat gegen eine zerbeulte Coladose, die vor mir auf dem Gehweg lag. Die Dose schepperte trostlos davon, überschlug sich ungelenk und blieb nahe des Bordsteins liegen.

Am Freitag hatte ich Kopfschmerzen und ging nicht in die Schule.

3

Am Montagmorgen in der ersten Stunde sagte Herr Winter es.

„Klassensprecherwahl. Ihr kennt das ja. Ich nehme an, ihr bekommt die Angelegenheit schnell über die Bühne.“

Er griff nach einem Stück Kreide.

Klassensprecher sind, wie gesagt, immer ich und Leon gewesen. Jahr für Jahr.

„Vorschläge?“, fragte Herr Winter und warf das Kreidestück von einer Hand in die andere. Es war gelb, ich kann mich genau erinnern.

„Marie“, sagte Jasmin.

„Leon“, sagte Murat.

Es war für einen Augenblick still. Alles war wie immer. Ich spürte, dass Leon mich von der Seite ansah.

„Friederike“, sagte Samir plötzlich in die Stille hinein.

Ich hob den Kopf.

„Okay“, sagte Herr Winter und schrieb Friederikes Namen unter Leons.

„Kristina“, sagte Jakob.

„Okay“, sagte Herr Winter wieder und ich hörte die Kreide auf der Tafel quietschen. Ich starrte auf die Tischplatte vor mir.

„Flieg oder stirb ...!“ hatte, wer auch immer früher einmal hier gesessen hatte, in die Holzfläche geritzt. Und eine Menge krummer Fragezeichen. Und „Wenn die Nacht am tiefsten, ist der Tag am nächsten!“ Und „Ecstasy makes my mind feel free!!!“

„Noch weitere Vorschläge?“, fragte Herr Winter, und als es still blieb, las er die vier Namen an der Tafel laut vor. Marie. Leon. Friederike. Kristina.

„Na, dann fangen wir mal an“, sagte unser neuer Klassenlehrer und verteilte einen Stoß kleiner hellblauer Zettel.

„Jeder schreibt seinen Wunschkandidaten auf und dann wird ausgezählt.“

Ich nahm meinen Zettel und schrieb „Leon“ darauf, so wie immer. Und Leon, das sah ich, schrieb auf seinen Zettel „Marie“, wie immer.

Zehn Minuten später stand das Ergebnis fest: Leon war erster Klassensprecher und Friederike seine Vertreterin.

Wie war das möglich? Warum war das passiert? Vier Jahre lang war ich erste Klassensprecherin gewesen und Leon hatte mich ver-

treten, was aber in Wirklichkeit nicht viel hieß, weil Leon im Grunde mich die ganze Arbeit alleine hatte machen lassen. SV-Sitzungen, Protokolle, Berichte an die Klasse. Wie war es da möglich, dass sie mich gegen Friederike ausgewechselt hatten? Und wer war es gewesen?

Ich schaute starr an die Tafel und schaffte es sogar, leicht zu lächeln, während ich Herrn Winter dabei zusah, wie er Kristinas und meinen Namen von der Tafel wischte und unter Leons und Friederikes Namen einen dicken Kreidestrich zog. Gelbe, unordentliche Kreideschlieren waren jetzt da, wo eben noch mein Name gestanden hatte. Ich gab mir alle Mühe, munter und vergnügt auszusehen.

„Mach dir nichts draus", schrieb Franka auf einen Zettel, den sie mir in die Hand drückte. Ich lächelte ihr zu, zerknüllte die Botschaft und ließ sie auf den Boden fallen. „Für mich ist das okay", sagte ich halblaut. „Mir hing dieser Job im Grunde genommen sowieso schon zum Hals raus."

Ich schaute Leon provozierend an. Und Leon schaute zurück. Für einen Moment hatte ich das Gefühl, er könne tief in mich hineinblicken und das ganze Elend sehen, das ich fühlte. Ich setzte mich mit einem Ruck kerzengerade auf, kniff die Augen zusammen und lächelte kühl. Da sah Leon zur Seite.

Als es zur großen Pause klingelte, ging ich aus dem Raum, ohne Leon weiter zu beachten.

„Warte, Marie!", rief Franka.

„Marie ...", rief auch Leon, aber das war mir in diesem Moment egal, alles war mir egal. Ich ging steifbeinig auf den Hof und verbrachte die Pause mit Murat, Jakob und Kristina, die sich wie immer in die Büsche verkrochen und rauchten.

„Auch eine Kippe?", fragte Jakob freundlich und hielt mir ein offenes Päckchen Zigaretten entgegen.

Ich schüttelte den Kopf.

„Wir könnten auch einen kleinen, feinen Joint ...?", schlug Kristina vor und kramte in ihrer rechten Hosentasche. „Ich habe vom Wochenende noch was übrig."

„Heb das lieber für heute Nachmittag auf", sagte Jakob und zündete sich ebenfalls eine Zigarette an. „Wollten wir uns nicht einen gemütlichen Stadtparknachmittag machen?"

„Okay", sagte Kristina und schob das kleine, zerknitterte Alufolienpäckchen zurück in ihre Hosentasche.

Mehr passierte in dieser Pause nicht. Keiner erwähnte die Klassensprecherwahl mit einem Wort. Vielleicht wollten sie mich schonen, aber vielleicht war es ihnen einfach egal. Kristina war schließlich auch nicht gewählt worden und schien deswegen nicht niedergeschlagen zu sein. Allerdings war Kristina noch nie Klassensprecherin gewesen.

Friederike hatte auf Anhieb zehn Stimmen bekommen. Dabei kannten wir sie erst seit einer Woche! Ich hatte nur acht Stimmen bekommen. Und Kristina sogar nur fünf. Leon hatte dreizehn Stimmen gehabt. *Wer hatte seine Stimme Friederike gegeben? Und wer hatte diesmal für Leon statt für mich gestimmt? Leon, der sein Amt nie besonders ernst genommen hatte. Und Friederike, die nur hübsch aussah, die aber im Grunde noch keiner näher kannte.*

„Marie, heute hätte ich Zeit", sagte Leon, irgendwann in der nächsten Stunde, leise.

Ich gab keine Antwort.

„Marie ...", flüsterte Leon und legte seine Hand auf meinen Arm. Ich hob den Kopf.

„Leon, keine Privatgespräche, bitte", sagte unser Englischlehrer mit gereizter Stimme. Wir lasen gerade auf Englisch den *Kaufmann von Venedig* von Shakespeare und stolperten mehr schlecht als recht durch den Text.

„Lies bitte den *Prinz von Marocco* in der gesamten 7. Szene! Und gib dir gefälligst ein bisschen Mühe, wenn ich bitten darf, es ist ein anspruchsvoller, schwieriger Text!"

Leon runzelte die Stirn und blätterte ärgerlich in dem dünnen Shakespearebüchlein.

Nach Englisch hatten wir getrennten Unterricht und nach der Schule schaffte ich es, zum Bus zu kommen, ohne Leon zu begegnen.

„He, Marie!", rief lediglich Franka und rannte hinter mir her. Als sie mich erreichte, legte sie ihren Arm um meine Schulter. „Himmel, dauernd rennst du alleine davon in letzter Zeit", sagte sie vorwurfsvoll und war außer Atem.

Ich schwieg, wie so oft in den letzten Tagen.

Plötzlich hörten wir hinter uns eine Radklingel. Noch ehe ich mich umdrehte, wusste ich, wer da klingelte.

„Störe ich?", fragte Friederike und sprang vom Rad. Ihre roten Haare wirbelten für einen Moment um ihr schmales Gesicht und ihre grünen Augen musterten uns freundlich.

„Ist schon okay", sagte Franka.

Ich sagte nichts.

„Du warst bisher immer Klassensprecherin, stimmt's?", fragte Friederike plötzlich. Sie war so dicht neben mir, dass unsere Oberarme beim Gehen ein paarmal gegeneinanderstießen. Ich konnte den Geruch ihrer Haut riechen. Hastig zog ich meinen Arm zurück.

„Bist du jetzt sauer auf mich?", fragte Friederike. Es war die gleiche Frage, die Leon auch schon gestellt hatte.

Ich holte tief Luft. „Warum sollte ich sauer sein?", fragte ich und schaute Friederike direkt in die Augen. „Es ist nur eine Klassensprecherwahl, mehr nicht. Und du hast sie gewonnen. Das ist schon in Ordnung."

„Gut." Friederikes leichter amerikanischer Akzent gab

ihrer Stimme einen weichen Tonfall. Sie klang erleichtert. Nebeneinanderher gingen wir zu dritt zur Bushaltestelle.

„Vermisst du eigentlich deine Freunde in Amerika?", fragte Franka schließlich.

Friederike nickte sofort. „Ja, sehr sogar. Ich wäre lieber in Oklahoma geblieben, aber meine Mutter wollte nach der Scheidung unbedingt zurück nach Deutschland!"

„Der Bus kommt", sagte ich und zeigte zur Straße.

„Ja, beeilen wir uns", sagte Franka.

„Habt ihr vielleicht Lust, mal zu mir zu kommen?", fragte Friederike plötzlich. „Wir könnten Video gucken oder so."

„Warum nicht? Mal sehen", antwortete Franka zögernd.

Ich sagte nichts. Dann rannten wir zum Bus. Dabei hätten wir auch den nächsten oder übernächsten Bus nehmen können. Es kam um diese Uhrzeit alle fünf Minuten ein Bus, mit dem wir fahren konnten.

„Eigentlich ist sie ganz nett, oder?", sagte Franka, als wir im Bus saßen.

Ich fühlte, wie ich Kopfschmerzen bekam.

„Sie kann schließlich nichts dafür, dass Leon sie dauernd anstarrt wie ein liebeskranker Esel."

„Ich möchte nicht darüber reden", bat ich leise.

„Ich meine ja nur", sagte Franka.

Dann musste Franka aussteigen. Am Nachmittag würde sie zur Theater-AG gehen.

Stumm und niedergeschlagen fuhr ich nach Hause. Ich sah Friederikes Gesicht vor mir und dachte an ihren unbekannten Vater in Oklahoma. Hätte er sich nicht von Friederikes Mutter getrennt, wäre Friederike nie nach Deutschland gekommen. Und alles wäre noch gut zwischen mir und Leon.

Ich fühlte mich schwer wie ein Stein.

Zu Hause war ich alleine. Mein Vater gab Nachmittagsunterricht in der Oberstufe. Meine Mutter war in der Musikwerkstatt, wo sie Harfenschüler unterrichtete. Nur Mister Allen, unser Golden Retriever, begrüßte mich, als ich die Wohnungstür aufschloss.

Ich ging in die Küche, wo ein kleiner Notizzettel meiner Mutter auf dem Tisch lag.

„Liebe Marie! Mach dir ein Müsli oder ein paar Brote – wir essen heute Abend warm. Paula und Leon kommen zum Abendbrot. Hättest du Lust auf Lasagne? Dann lauf zum Supermarkt und hol ein Päckchen Lasagne-Nudeln. Alles andere habe ich da.

Küsschen, Mama"

Leon würde kommen! Wie erstarrt stand ich mitten in der Küche. Mister Allen setzte sich vor mich und winselte. Es vergingen ein paar Minuten, die mir vorkamen wie Stunden. Helles Sonnenlicht schien durch das Küchenfenster, ein paar winzige Staubflusen vollführten in diesem Lichtschein wirbelnde Tänze, die ganz und gar unsichtbar gewesen wären, hätte es geregnet oder wäre der Himmel auch nur bewölkt gewesen. Wie hypnotisiert starrte ich auf diese Staub-Performance und dachte an Leon. Leon und ich in dieser Küche beim Weihnachtsplätzchenbacken. Leon und ich in meinem Zimmer beim Memoryspielen. Leon und ich auf der Wiese beim In-der-Sonne-liegen-und-sonst-garnichts-tun. Leon und ich in Schweden am See. Leon und ich als Leonce und Lena auf der Schulbühne in der achten Klasse. Immer war es gut gewesen zwischen uns. Natürlich hatte es manchmal Streit gegeben, aber nie so etwas wie jetzt. Jetzt herrschte Stille und wir schwiegen uns an. Dabei hatten wir uns nicht einmal gestritten! Nicht ein gereiztes Wort war zwischen uns gefallen.

Leon liebte mich nicht.

Und Leon war auch nicht mehr mein Freund.

Und darum wollte ich ihn nie mehr um mich haben!

Paula und meine Mutter waren vielleicht Freundinnen, aber Leon und ich waren gar nichts mehr.

„Liebe Mama! Bin heute Abend leider schon verabredet. Schlafe bei Franka.

Marie“

„Komm, Mister Allen, machen wir einen Spaziergang“, murmelte ich. Hunger hatte ich keinen. Ich beschloss, in den Park zu gehen und dort so lange zu bleiben, bis Franka aus der Theater-AG zurückkam.

Mister Allen schoss zufrieden bellend aus der Wohnung und rannte durch das Treppenhaus nach unten. Ich folgte ihm langsam und fühlte mich sehr alleine.

4

Draußen schien die Sonne. Schon seit Tagen, immerzu. In England hatte es geregnet und in Schweden hatte es geregnet – aber jetzt und hier schien es so, als gäbe es gar keinen Regen mehr. Die Luft roch nach trockenen Wiesen und schwitzenden Menschen und aufgeheiztem Straßenbelag. An manchen Bäumen wurden die Blätter, die der Sonne am nächsten waren, schon gelb. Und auf den ausgedörrten Wiesen im Park brach der Boden in trockene Zickzackrisse auf.

Mister Allen trabte hechelnd neben mir her. Im Vorbeigehen ließ ich meinen Blick über den Kinderspielplatz wandern. Überall Erinnerungen an Leon und mich. Die ganze Stadt war voll davon. Wieder sah ich Friederikes Gesicht vor mir. Sie war so bunt, so selbstbewusst und voller Energie. Ob sie und Leon doch noch ein Paar werden würden? Franka glaubte das nicht, aber was wusste schon Franka?

Ob Samir wohl ebenfalls in Friederike verliebt war? Schließlich war er es gewesen, der sie als neue Klassensprecherin vorgeschlagen hatte. Außerdem saß er neben ihr. Samir war genauso hübsch wie Friederike. So wie Leon. Ich ging immer langsamer. Friederike war hübsch. Und Samir. Und Leon. Und natürlich Franka. – Auch Kristina war hübsch. Sie war Halbdänin und hatte weißblonde Haare und helle Wimpern und helle Augenbrauen und diese hellblauen Augen und ein paar vereinzelte Sommersprossen auf der Nase.

Ich dagegen war ganz normal. Fad. Langweilig. Blass. Und nicht so selbstbewusst. Ein Klumpen Wut ballte sich in meinem Bauch zusammen.

In diesem Moment bellte Mister Allen. Er hatte einen anderen Hund entdeckt und plötzlich schien ihm die Hitze nichts mehr auszumachen. Wie ein Blitz schoss er davon.

„Mister Allen, bleib hier!", rief ich alarmiert, da so etwas schon ein paarmal vorgekommen war. Aber natürlich ignorierte Mister Allen mich und verschwand erbarmungslos am anderen Ende der Wiese zwischen den Büschen. Du lieber Himmel, warum musste mir auch das noch passieren? Stumm stand ich am Wegrand herum. Die Sonne schien mir heiß und stechend auf den Nacken. Wenn Mister Allen erst einmal verschwunden war, konnten Stunden vergehen, bis er sich zurückbequemte. Wenn er dann überhaupt noch wiederkommen würde. Außerhalb des Parks waren überall Straßen, Straßen und Verkehr. So etwas konnte für einen blicklos herumrasenden Hund den Tod bedeuten.

„Hallo, Marie", rief plötzlich eine vertraute Stimme. Sie gehörte zu Murat, der mit ein paar anderen auf der Wiese saß.

„Oh, hallo ...", sagte ich und erkannte Kristina und Jakob und ein paar Zehntklässler. Jakob hielt eine unförmige

Zigarette in der Hand. Er zog an ihr, inhalierte tief und reichte sie an einen rothaarigen Zehntklässler weiter.

„Willst du dich nicht zu uns setzen?", fragte Murat.

„Mein Hund ist gerade abgehauen", antwortete ich und kam mir blöd dabei vor. Am liebsten hätte ich meine Antwort in kleine Fetzen gerissen und noch mal angefangen.

„War das dein Hund? Das irre Zottelvieh, das uns eben fast niedergemäht hätte?", fragte Jakob.

Ich nickte.

Jakob grinste. „Um ein Haar hätte er mir den Joint aus der Hand gesprengt, der Wahnsinnige!"

Dazu sagte ich nichts. Erst letzte Woche hatte mein Vater zu Hause ein Riesentheater gemacht, als er von der Lehrerkonferenz nach Hause gekommen war.

„An unserer Schule wird tatsächlich Haschisch geraucht!", hatte er meiner Mutter und mir beim Abendbrot erzählt. „Das ist doch wirklich das Allerletzte!"

Und dann hatte er mir einen gereizten Vortrag zum Thema Drogen gehalten, der so lange wie das ganze Abendessen gedauert hatte.

„Sollen wir dir vielleicht bei der Hundesuche helfen?", fragte der Rothaarige aus der zehnten Klasse.

„Ich weiß nicht", sagte ich unschlüssig.

„Machen wir wirklich gerne", sagte der Rothaarige. „Ich bin Malte und habe bei deinem Alten Physik, was kein reines Vergnügen ist. Der Typ kann ganz schön nerven, sage ich dir." Er grinste mir zu. „Aber das weißt du ja wahrscheinlich selbst am besten. Muss ätzend sein, einen Lehrer zum Vater zu haben."

Ich lächelte ihn vorsichtig an.

Kristina nahm einen letzten Zug von dem heruntergebrannten Joint und drückte ihn dann sorgfältig im trockenen Gras aus.

„Wie heißt er denn, dein Hund?", erkundigte sie sich.
„Mister Allen", sagte ich.
„Wie Woody Allen?", fragte Murat.
Ich nickte.
„Wow, ich liebe Woody Allen", sagte Murat. „Okay, dann wollen wir mal."
Er schaute prüfend über die Wiese. „Ein paar da lang – ein paar da lang – und ein paar da lang", ordnete er an.
Ich ging mit Kristina und Malte und einem anderen Mädchen aus der zehnten Klasse.
„Ich bin Deborah", sagte sie zu mir. „Und ich habe auch Physik bei deinem Vater. Aber ich finde ihn ganz okay."
Ich schaute sie an und dachte für einen Moment an das Foto auf meinem Schreibtisch, auf dem ich und die Hände meines Vaters zu sehen waren. Riesige Hände, die ein wirklich winziges Baby streichelten. Damals lag ich im Brutkasten. Ich bin viel zu früh auf die Welt gekommen, ich wog bei meiner Geburt noch nicht einmal tausend Gramm. Tagelang war nicht sicher, ob ich überhaupt überleben würde, und mein Vater musste sich ganz alleine um mich kümmern, weil meine Mutter selbst noch im Krankenhaus lag. Ich war eine sehr eilige Kaiserschnittgeburt.
„Okay, wir haben ihn!", hörten wir in diesem Moment Murats Stimme irgendwo aus dem Dickicht der Büsche. Gleich darauf bellte Mister Allen.
Triumphierend tauchte Murat mit ihm auf.
„Ich habe ihn aus dem Bach gefischt", sagte Murat. „Er hockte da und knurrte mit Ramboblick einen glitschigen Stein an."
„Danke", sagte ich.
„Kein Thema!", antwortete Murat und lächelte mir zu.
„Dann können wir es uns ja wieder gemütlich machen", sagte Malte und schaute zum Himmel hinauf. „Mann, nir-

gendwo eine Wolke in Sicht. Ein Wahnsinnssommer. Da steh ich voll drauf. Sonne, Sonne, Sonne! Das gibt unheimlich viel Energie!“

Ich nahm den nassen, missmutigen Mister Allen an die Leine.

„Bleibst du noch?“, fragte Kristina.

Ich schaute auf meine Armbanduhr. Bis Franka nach Hause kommen würde, hatte ich massenhaft Zeit. Darum nickte ich.

„Prima“, sagte Malte und lächelte mir zu.

Ich hockte mich zu ihnen auf die Wiese. Murat zog sein T-Shirt über den Kopf und legte sich dann bäuchlings ins Gras. Jakob machte es ihm nach. Nur Malte behielt sein T-Shirt an. Er setzte sich im Lotussitz neben mich und kramte in seinem Rucksack nach seinem Tabak.

„Ich habe noch einen Rest schwarzen Afghanen“, sagte er und holte ein kleines schwarzes Döschen hervor. „Direkt aus Amsterdam. Geht richtig gut ab, das Zeug. Habt ihr Lust?“

„Klar“, murmelte Jakob ins Gras hinein. „Bau mal – und weck mich, wenn das Ding einsatzbereit ist.“

Ich runzelte die Stirn, während ich Malte dabei zusah, wie er mit seinem Taschenmesser ein kleines dunkles Klümpchen Haschisch bearbeitete. Sorgfältig bröselte er die abgeschabten Haschischkrümelchen auf eine kleine ausgewählte Portion Tabak und drehte daraus eine feste Haschzigarette.

„Wer will anrauchen?“, fragte er anschließend.

„Ich“, sagte Deborah und griff nach dem Joint. Malte reichte ihn ihr und gab ihr Feuer. Deborah paffte, bis der Joint ordentlich aufglomm, und zog dann genießerisch daran. Ein süßlicher Geruch breitete sich aus. Denselben Geruch hatte ich schon ein paarmal auf unserem Schulhof gerochen, aber nie gewusst, dass das tatsächlich der Geruch von Haschisch war.

„Nicht schlecht, das Zeug", sagte Deborah und reichte den Joint an Jakob weiter.

„Willst du auch?", fragte mich Jakob.

„Nein", sagte ich.

„Du kiffst nicht?", fragte Malte.

„Nein", sagte ich wieder.

„Schade für dich", sagte Malte. „Aber ist natürlich okay."

Der Joint ging an mir vorüber. Ich sah, dass Murat ihn ebenfalls weitergab, ohne zu ziehen, und fühlte mich erleichtert. Mister Allen war neben mir eingeschlafen. Die Sonne trocknete sein Fell.

Aus den Augenwinkeln sah ich, wie Deborah und Kristina nun ebenfalls ihre T-Shirts auszogen. Kristina hatte einen zarten hellblauen Spitzen-BH darunter, der gut zu ihren dänischen Augen passte. Sie warf ihr T-Shirt neben sich auf den Boden und legte sich auf den Rücken. Deborah trug keinen BH. Mit nacktem Oberkörper lag sie im Gras, ihren Kopf auf Murats Oberkörper. Ich schaute auf ihren Busen. Er war spitz und fest und ziemlich groß. Mein Busen war viel kleiner.

„So viele schöne Frauen hier", sagte Malte und tippte mir mit seinem Zeigefinger auf die Nasenspitze. Seine Hand roch nach Tabak und dem süßlichen Geruch des Haschisch. „Da wird man ja ganz schwermütig, so als Single."

Plötzlich musste ich wieder an Leon denken. Mir wurde schwindelig vor Elend.

„He, nicht so traurig gucken, Süße", sagte Malte rätselhafterweise sofort. Er musste mich genau beobachtet haben.

„Ich bin nicht traurig", sagte ich schnell.

„Klar bist du traurig", korrigierte mich Malte. „Unglücklich verliebt, was?"

Ich schwieg.

„Also habe ich ins Schwarze getroffen", fuhr Malte fort und fuhr sich mit den Fingern durch die Haare, als wäre seine Hand ein Kamm. Gut sah das aus.

„Dabei sollte eine Frau wie du nicht traurig sein, wenn es um die Liebe geht", sagte Malte und schaute mich merkwürdig an. Ich runzelte verwirrt die Stirn. Noch nie hatte mich jemand als „Frau" bezeichnet.

„Warum bist du so still?", fragte Malte. „Warum fragst du nicht, warum ich das sage, was ich sage?"

„Hör nicht auf ihn, Marie", murmelte Jakob mit geschlossenen Augen. „Malte ist rundherum durchgeknallt – aber wenn er stoned ist, wird es besonders deutlich ..."

„Du weißt ja nicht, wovon du sprichst", sagte Malte streng. Immer noch schaute er mich unverwandt an. Seine Augen waren dicht vor meinem Gesicht.

„Du solltest in jedem Tag ein Happening sehen, Marie", fuhr er mit gedämpfter Stimme fort. „Denn in deinen Augen ist etwas Göttliches. Und das ist kein Blödsinn, ehrlich! Ich beschäftige mich mit dieser Materie. Ich bin nämlich ein Reisender der psychedelischen Welt! Ich mache laufend kosmische Erfahrungen. Und in deinen Augen sehe ich ohne Zweifel eine göttliche Kraft ..."

Und dann tat er es: Er legte seine Lippen auf meine und küsste mich! Und ich hielt ganz still und ließ mich küssen. Vielleicht, weil ich so überrumpelt war. Vielleicht, weil mich die Situation an Leon erinnerte. Vielleicht, weil ich wollte, dass Leon nicht mehr der Einzige war, der mich geküsst hatte. Vielleicht, weil es mir schmeichelte, dass Malte mich küssen wollte. Vielleicht war es auch etwas ganz anderes. Aber ich ließ zu, dass Malte mir so nahe war.

Ich war völlig verwirrt.

„Ich muss jetzt gehen", sagte ich irgendwann nach dem

Kuss leise und stand auf. Keiner erwiderte etwas und keiner kam mir hinterher.

Auch Malte nicht.

Erst, als ich schon ein gutes Stück entfernt war, drehte ich mich vorsichtig um. Und da sah ich, dass Malte mir stumm hinterherschaute.

Ich brachte den Hund in unsere leere Wohnung, packte meine Schulsachen für den nächsten Tag ein, schnappte mir ein paar frische Anziehsachen und meine Zahnbürste und fuhr zu Franka. Ich war eigentümlich aufgekratzt. Ganz nah am Kichern und Lachen und genauso nah am Weinen.

Als Franka endlich nach Hause kam, hatte ich schon eine lange Weile auf der Gartenmauer vor ihrem Haus gesessen.

„Marie!“, rief Franka erstaunt.

„Kann ich bei dir schlafen?“, fragte ich schnell, obwohl diese Frage eigentlich überflüssig war. Ich konnte immer bei Franka schlafen, wenn ich wollte.

Franka nickte. „Wartest du schon lange?“, fragte sie und schloss die Tür auf.

„Es geht“, sagte ich.

„Hast du Hunger?“, fuhr Franka fort.

„Ja, Riesenhunger“, sagte ich. Für einen Moment dachte ich an meine Mutter, an Paula und an Leon und an das geplante gemeinsame Abendessen.

„Wie es scheint, wirst du allmählich wieder normal“, sagte Franka zufrieden.

„Kann ich auch etwas zu trinken haben?“, fragte ich.

Franka öffnete den Kühlschrank und warf einen Blick hinein. „Spezi?“, fragte sie dann.

Ich schüttelte schnell den Kopf. „Keine Spezi – irgendetwas anderes.“

Franka holte eine Flasche Orangensaft aus dem Kühlschrank. Sie hielt mir fragend die Flasche entgegen.

„Okay?"

„Okay."

Wir standen nebeneinander vor dem offenen Kühlschrank.

„Schön kalt", sagte ich. „Nordpolkalt."

Franka nickte. „Am besten bleiben wir einfach eine Weile hier stehen."

Und das taten wir. Wir tranken abwechselnd Orangensaft aus der Flasche und kühlten uns ab.

Ich wusste plötzlich, ich würde Franka nichts von Malte erzählen. Wenigstens jetzt noch nicht.

„Du guckst so merkwürdig", sagte Franka einmal. „Ist etwas passiert?"

„Nein, nichts", antwortete ich.

„Dann ist ja okay", sagte Franka.

Und plötzlich mussten wir beide lachen. Wir standen da vor dem geöffneten Kühlschrank und lachten, ohne zu wissen, warum.

„Wir spinnen ganz schön, ist dir das eigentlich klar?", fragte Franka schließlich und wischte sich die Augen.

Ich lachte weiter, einfach weil es so angenehm war.

„Ich finde dich übrigens sehr hübsch", sagte ich irgendwann und hörte auf zu lachen. „Du bist das hübscheste Mädchen in der ganzen Klasse." Im Grunde war das wieder so ein peinlicher Satz, den man schnellstmöglich zerreißen sollte, aber ich war trotzdem froh, ihn gesagt zu haben. Ich wollte, dass Franka verstand, dass ich wusste, wie hübsch sie war. Und dass ich das ganz selbstlos eingestehen konnte. Sachlich und ohne Neid.

„Du bist auch hübsch", sagte Franka und kicherte, wie sie schon früher gekichert hatte, als wir zehn, elf und zwölf

Jahre alt waren. Schon lange hatte sie nicht mehr so gekichert.

In ihr Kichern hinein schüttelte ich den Kopf.

„Nein", sagte ich. „Ich meine, du bist *richtig* hübsch! Nicht nur so dahergesagt. Du bist so hübsch, dass du Model werden könntest oder so was."

„Quatsch", sagte Franka. Aber ihre Stimme klang dabei so, als meinte sie es nicht wirklich.

Ich schloss den Kühlschrank und plötzlich war mir nicht mehr nach Lachen zumute.

Das Leben war eben sehr kompliziert zurzeit.

Franka schob uns schließlich eine Pizza Margherita in den Ofen.

5

Am nächsten Tag in der Schule passierten drei Dinge. Das erste betraf Leon und mich. Das zweite betraf Leon und Friederike. Und das dritte betraf mich und Malte.

Gleich vor der ersten Stunde ging ich zu Leon, der zusammen mit Lilli und Samir unter der großen Kastanie auf dem Schulhof stand und auf das Klingeln wartete.

„Ich möchte ab heute neben Franka sitzen", sagte ich leise und ohne Leon anzuschauen.

„Aber ...", begann Leon.

„Bitte", unterbrach ich ihn und schaute ihn nun doch an. Aber ich vermied es, in seine Augen zu blicken.

Da nickte Leon und ich spürte einen Stich im Herz. Vielleicht hatte ich gehofft, Leon würde mir widersprechen, würde sich nicht so leicht meinem Wunsch fügen. Ja, ganz sicher hatte ich das gehofft.

Aber Leon tat es nicht.

Da drehte ich mich wortlos um und ging langsam zu Franka zurück, die auf der kleinen Wiese wartete.

Um Viertel nach zehn dann, nach der großen Pause, klebte im Mittelstufenpavillon am Schwarzen Brett eine Mitteilung.

„Die neue SV trifft sich in der 3. Stunde im SV-Raum zum Kennenlernen und Neuorientieren und Spaßhaben! Um zahlreiches, motiviertes Erscheinen wird gebeten!!!", stand da.

Stumm schaute ich zu, wie Leon und Friederike gleich darauf zusammen ihre Rucksäcke holten und zum SV-Raum im Oberstufengebäude liefen. Ich sah, wie sie sich dabei unterhielten und lachten.

Still brachte ich diesen Tag hinter mich.

Aber als ich auf dem Weg zum Bus war, tippte mich jemand von hinten an. Ich drehte mich um und stand vor Deborah und einem anderen Zehntklässler, der gestern auch im Park gewesen war.

„Hallo, Marie", sagte Deborah. „Das ist Benjamin."

Benjamin hob grinsend die Hand und wackelte mit den Fingern, direkt zwischen uns beiden. Es war wie ein Winken aus allernächster Nähe und es sah nett aus.

„Heyho, Marie", sagte er dabei.

„Hallo ...", sagte ich. Und weil Franka neben mir stand, stellte ich sie den beiden vor.

„Hallo", sagte Franka.

„Worum es geht", fuhr Deborah fort. „Benjamin schmeißt morgen eine Party. Und weil es eine echte Superfete werden soll, fehlen noch ein paar kleine Requisiten ..."

„... nun komm doch mal zur Sache, Debbie", unterbrach Benjamin ungeduldig. „Okay, ich erkläre euch die Story am besten selbst ..." Er grinste. „Also, morgen werden wir eine total crazy abgefahrene Geburtstagsfete für Mister J. Christ zu seinem zweitausendzweiten Geburtstag feiern und dafür hätten wir gerne diese turbogeile Lichterkette, die ihr *last christmas* in dieser Riesentanne in eurem Vorgarten hängen hattet. Die mit den vielen beknackten, blinkenden Engeln, do you remember, Sweetie?"

„Was wollt ihr feiern?", fragte Franka verwirrt.

„Weihnachten eben", sagte Benjamin. „Das ist doch klar wie Kloßbrühe. So ein Megasommer wie dieser muss einfach mal richtig einen reingewürgt bekommen, meine ich. Und darum feiern wir Weihnachten! Mitten im August. Kommt bestimmt gut und wird Mr Christ in heaven garantiert völlig durcheinanderbringen!"

Deborah grinste jetzt auch. „Ja, und da haben wir uns an diese Lichterkette erinnert, die bei euch letztes Jahr im Garten herumhing ..."

Jetzt begriff ich, wovon sie sprach. Mein Onkel Johannes lebt in New York und er hatte uns im letzten Jahr in der Adventszeit aus Spaß diese ellenlange, elektrische Lichterkette geschickt. Ein Engel neben dem anderen, alle bunt leuchtend, mit grellem Lichtorgeleffekt. Meinem Vater hatte sie natürlich nicht gefallen, aber Franka und ich hatten sie dennoch in den Baum vor unserem Haus gehängt.

„Ihr wollt diese irre amerikanische Lichterkette haben?", fragte Franka.

Benjamin nickte.

„Warum nicht", sagte ich.

„Super, wir kommen heute Abend vorbei und holen das galaktisch-geile Prachtstück ab", sagte er zufrieden. „Ist dein Alter dann zu Hause? Ich habe nämlich vor, jetzt seinen grottenlangweiligen Physikunterricht zu schwänzen – und da kommt es vielleicht nicht gut, wenn ich ihm heute Abend in seinen eigenen heiligen Hallen vor die Füße stolpere."

„Mein Vater ist heute Abend nicht da", sagte ich.

„Noch mal super“, seufzte Benjamin. „Okay, dann sehen wir uns später.“

Ich nickte.

„Ach ja, Malte lässt fragen, ob du vielleicht Lust hast, mitzufeiern.“

Malte, der mich einfach so geküsst hatte und dessen Lippen sich so ganz anders als Leons Lippen angefühlt hatten, viel erfahrener und fordernder.

„Ich weiß noch nicht“, sagte ich schnell und zog Franka am Arm mit mir. „Wir müssen jetzt zum Bus!“

„Wer ist Malte? Und warum lädt er dich zu einer Oberstufenparty ein?“, erkundigte sich Franka verwundert, kaum dass wir ein paar Schritte von Deborah und Benjamin entfernt waren.

„Ich habe ihn gestern im Park getroffen“, murmelte ich vage. „Mister Allen war mir weggelaufen und er hat mir bei der Suche geholfen.“

„Ach so“, sagte Franka. „Und da lädt er dich gleich zu einer Party ein. Ist ja ein Ding ...“

Eigentlich hätte ich ihr jetzt doch gerne von meiner Begegnung mit Malte erzählt, aber Franka hatte es schon wieder eilig, weil sie zum Tai-Chi-Training musste.

Alleine stieg ich in den Bus und fuhr nach Hause.

Diesmal war meine Mutter in der Wohnung, als ich kam. Und sie war nicht alleine. Wie angewurzelt blieb ich mitten im Flur stehen. Meine Mutter saß zusammen mit Paula in der Küche. Und im Wohnzimmer tobte Mister Allen mit Leons Dackel Friedrich herum, den Leon von seiner Oma übernommen hatte, als die nach Lanzarote übergesiedelt war.

„Hallo, Mama, hallo, Paula“, sagte ich vorsichtig. Vielleicht war Leon ja auch da und wartete in meinem Zimmer, so wie er es normalerweise immer tat, wenn er mit Paula kam und ich noch nicht zu Hause war. Paula und meine Mutter schauten mich stumm an. Es lag etwas Aufforderndes in ihrem Blick.

Die Küche roch nach vielen Zigaretten und zwischen den beiden stand eine angebrochene Weißweinflasche.

„Ist Leon auch mitgekommen?“, fragte ich schließlich leise. Meine Mutter und Leons Mutter schüttelten synchron die Köpfe und schauten mich weiter an.

„Okay, dann gehe ich mal in mein Zimmer“, murmelte ich und drehte mich um.

„Moment, Marie“, rief Paula in diesem Moment.

Ich blieb wieder stehen.

„Nun mal heraus mit der Sprache, meine Süße. Was ist los mit euch beiden in der letzten Zeit? Noch nie hat man euch beide so oft alleine angetroffen wie in den letzten Tagen.“ Leons Mutter schaute mich mit besorgt gerunzelter Stirn an.

„Was soll schon los sein?“, murmelte ich gereizt.

„Okay, beginnen wir gestern, als ich Leon sagte, dass wir zu euch zum Lasagne-Essen gehen würden.“

Paula schwieg einen Moment und ich spürte meinen Herzschlag im ganzen Körper. Es war ein sehr unangenehmes Gefühl.

„Leon redete erst eine Weile um den heißen Brei herum, aber schließlich sagte er mir einfach, dass er nicht mitkönne zu euch ...“, fuhr Paula schließlich fort. „Okay, ich dachte: ‚Bingo, die beiden haben Zoff miteinander!‘, aber als ich Leon danach fragte, sagte er, ihr hättet keinen Streit.“

Paula trank in einem großen Schluck ihr Glas leer.

„Und als ich dann alleine herkam, warst du auch nicht da.“

Ich rührte mich nicht und starrte zum Fenster hinüber.

„Also, was ist los?“, schloss Paula und griff nach der offen stehenden Flasche. Für einen kurzen Augenblick war es ganz und gar still in der Küche.

Ich holte tief Luft.

„Es ist ja kein Geheimnis“, sagte ich dann laut und hart und kalt. „Leon hat sich verliebt, so einfach ist das.“

Und damit ging ich davon. Ich schloss mich in meinem Zimmer ein und schob eine herumliegende CD in meine Musikanlage. Zitternd drehte ich den Lautstärkeregler so hoch wie möglich und verkroch mich unter meiner Bettdecke. Sehr vage hörte ich meine Mutter nach mir rufen und schließlich laut gegen meine Zimmertür pochen, aber ich blieb, wo ich war, und rührte mich nicht. Und das Pochen an der Tür wurde von der Musik einfach verschluckt wie von einer riesigen Welle. Irgendwann schlief ich ein.

Als ich wieder aufwachte, war es draußen dunkel. Durch mein offen stehendes Fenster kam lauwarme Sommernachtsluft. Was war das für ein Sommer? Nicht mal nachts kühlte es mehr ab. Benommen richtete ich mich auf. Mein T-Shirt klebte mir an Brust und Rücken und sogar meine Beine waren nass geschwitzt.

Die Lichterkette! Benjamin, der am Abend hatte kommen wollen, um sie abzuholen! Mit einem Schlag war ich hellwach. Ich knipste mein Nachttischlicht an und warf einen Blick auf meinen Wecker. Zwei Uhr morgens! Ich hatte alles verschlafen! Was meine Mutter wohl gesagt hatte, als Benjamin an unserer Tür geklingelt hatte? Benjamin hatte grün gefärbte Haare und am Kinn einen kleinen, zerzausten Ziegenbart.

Nervös stand ich auf und schlich hinaus in den Flur. Im ganzen Haus war es totenstill. Das Küchenfenster stand sperrangelweit offen, aber dennoch hing noch der Zigarettenqualm in der warmen Luft. Irgendwo schrien ein paar Käuze. Oder war es nur ein einzelner Kauz, der sich mit sich selbst unterhielt? Das Geschrei klang irgendwie einsam. Ich lehnte eine Weile am offenen Fenster und schaute auf die stille Straße. Es war fast so, als stünde die Zeit still. Nichts rührte sich – nirgendwo. Nur der unsichtbare Kauz schrie. Ich fröstelte, obwohl es gar nicht kalt war. Schließlich setzte ich mich an den Küchentisch, den gestern Abend keiner mehr abgedeckt hatte. Paula musste lange geblieben sein. Die leere Weißweinflasche war nicht weggeräumt, genauso wenig wie eine halb volle Rotweinflasche. Außerdem ein fast randvoller Aschenbecher. Kein Wunder, dass es immer noch nach Rauch stank. Wie ein Roboter stand ich auf und leerte den Aschenbecher in den Mülleimer. Anschließend nahm ich die Weinflasche und zog den nachlässig hineingeschobenen Korken aus dem Flaschenhals. Es ploppte leise und vornehm. Ohne darüber nachzudenken, goss ich mir ein herumstehendes Weinglas voll. Der Wein roch nicht schlecht. Süß und ein bisschen nach Gewürzen, wenn ich auch keine Ahnung hatte, nach welchen. Schluck für Schluck trank ich das Glas leer. Dann trank ich ein zweites. Mir wurde ein bisschen schwindelig, aber sehr leicht im Kopf. Ich lehnte mich auf dem Küchenstuhl zurück und ließ meinen leichten Kopf nach hinten baumeln, bis mir der Nacken wehtat. Dann griff ich ein drittes Mal nach der Rotweinflasche. Es reichte nur noch für ein Drittelglas, dann war die Flasche leer.

Ich schaute auf meine dünnen Finger, die immer noch genauso aussahen wie vor zwei und drei und vier Jahren. Komisch, dass man einen Busen bekam und seine Periode, aber die Finger sich gar nicht veränderten. Meine Hände waren immer noch Kinderhände. Ich schaute meine Füße an, mit ihnen war es genauso. Ich runzelte die Stirn und betrachtete meine Beine. Meine Beine waren ein bisschen besser als meine Hände und meine Füße. Sie waren irgendwie schon eine Spur fraulicher ...

Was für einen Blödsinn machte ich hier eigentlich? Ich saß mitten in der Nacht in unserer unordentlichen Küche, trank Wein und dachte über die Form meiner Finger und Fußzehen und Oberschenkel nach. Ich spürte, dass ich lachen musste. Leise kichernd saß ich in unserer verqualmten Küche und fühlte mich gut. Ich dachte an Malte, der gesagt hatte, ich hätte göttliche Augen, und musste noch einmal lachen. Gerade, als das erste Lachen ein bisschen abgeklungen war. Aber dann musste ich an Leon denken – und da hörte das blöde, schwindelige Gekicher in mir wieder auf.

Ich stand auf und ging zurück in mein Zimmer. Ich gab mir jetzt keine Mühe mehr, besonders leise zu sein. Trotzdem wachten meine Eltern nicht auf. Meinen Vater konnte ich sogar leise schnarchen hören, als ich an der Schlafzimmertür meiner Eltern vorüberging.

Wie ferngesteuert schaltete ich in meinem Zimmer das Deckenlicht an und die plötzliche Helligkeit flammte wie ein Schmerz in meine Augen und meinen Kopf.

Ich ging zu meinem Schreibtisch, zog meine Schere aus der Schublade und schnitt mir meine langen Haare ab. Lautlos fielen sie von meinem Kopf und meinen Schultern, und ich schnitt und schnitt, bis meine tastenden Finger nur noch in strubbelige Stoppelhaare hineingriffen.

Leon würde garantiert einen Schreck bekommen, wenn er mich morgen früh mit diesen Haaren sah.

Ich würde von jetzt an nie mehr die Marie sein, die er gerne gehabt hatte, so gerne, dass er sie einfach so geküsst hatte, ohne überhaupt zu wissen, ob sie das wollte.

Zufrieden und müde kroch ich zurück in mein Bett und schlief sofort ein.

6

Ich wachte mit Kopfschmerzen auf und konnte mich im ersten Moment gar nicht an die vergangene Nacht erinnern. Erst als ich aus dem Bett stieg, fiel mein Blick auf die Haarsträhnen, die überall auf dem Boden herumlagen. Mechanisch fuhr ich mir über den Kopf. Was hatte ich bloß getan? Schnell kniete ich mich auf den Teppich und sammelte die Haare ein. Ich steckte sie in einen Umschlag, klebte ihn zu und schob ihn wahllos in eine meiner Schreibtischschubladen. Dann ging ich ins Bad. Aus der Küche hörte ich Geschirrklappern und Kaffeemaschinengeblubber und das Auf- und Zuklappen des Küchenschrankes.

Im nächsten Moment ertönte Musik aus dem Wohnzimmer. *When I was young* von Eric Burdon. Ich runzelte die Stirn. *When I was young* am frühen Morgen bedeutete unweigerlich den Hochzeitstag meiner Eltern. Ich vergaß ihn jedes Jahr.

Nachdenklich betrachtete ich mein Spiegelbild. Ich erkannte mich kaum wieder. Meine Haare standen mir strubbelig vom Kopf ab, der Wirbel rechts an der Stirn war jetzt gut zu erkennen, widerspenstig standen meine kurzen Haare an dieser Stelle in sämtliche Richtungen. Meine Eltern hatten sich auf einer Rudolf-Steiner-Tagung irgendwo in Süddeutschland kennengelernt. Ein paar Monate später war meine Mutter schwanger gewesen und kurz vor meiner Geburt hatten die beiden geheiratet. Früher hatte mir der Gedanke, dass ich damals schon mit dabei gewesen war, immer gut gefallen. Heute Morgen vor dem Spiegel kamen mir zum ersten Mal Bedenken. Hätten meine Eltern auch geheiratet, wenn ich nicht unterwegs gewesen wäre? Oder hätten sich ihre Wege einfach wieder getrennt und alles wäre ganz anders gekommen?

Was wäre, wenn ich einen anderen Vater hätte? Nicht so einen langweiligen, ordentlichen, penetranten Lehrer, der Physikunterricht gab, und das auch noch auf meiner Schule. In der letzten Zeit hatten wir oft Streit. Ich mochte sein Gesicht nicht, wenn wir stritten. Ich schaute dann jedes Mal schnell weg.

Komm nicht so spät nach Hause.

Räum dein unordentliches Zimmer auf.

Warum übst du so wenig Geige?

Sei nicht frech.

Stell gefälligst die Musik leiser.

Wir konnten einfach nicht mehr miteinander reden. Manchmal, wenn wir uns anschrien, schaute ich mir hinterher das Foto mit seinen Händen an, auf dem er mich streichelte. Ich war darauf kleiner als seine Hand.

„Marie, beeil dich ein bisschen“, rief meine Mutter in diesem Moment. Eric Burdon sang jetzt ein anderes Lied.

„Ja ...“, murmelte ich und umrandete meine Augen schwarz. Anschließend putzte ich meine Zähne, zog mir in meinem Zimmer meine schwarzen Jeans und ein enges schwarzes T-Shirt an und ging langsam in die Küche. Jetzt sang Eric Burdon noch einmal *When I was young.* Meine Eltern saßen am gedeckten Frühstückstisch. Ich kannte das schon, es war ein immer wiederkehrendes Ritual: Ein Strauß rote Rosen, jedes Jahr eine mehr, und Eric Burdon, und meine Mutter schmierte einen Toast für meinen Vater und er einen für sie. So hatte es bei ihnen angefangen. Am Tag, als es zum Standesamt ging. Eine rote Rose und die beiden Hin- und Her-Toasts und *When I was young.*

„Guten Morgen“, sagte ich und setzte mich auf meinen Stuhl. Vor ein paar Stunden hatte ich hier gesessen und Rotwein getrunken. Mit langen Haaren. Jetzt roch die Küche nicht mehr nach Paulas Zigaretten. Jetzt roch sie nach

Kaffee und Rosen und Hochzeitstag und gerösteten Toastbrotscheiben. Die Sonne schien zum Fenster herein.

„Wie siehst du denn aus?", fragte mein Vater in Eric Burdons Gesang hinein. „Was, um Himmels willen, hast du mit deinen Haaren angestellt? Das ..."

„Marie ...", unterbrach ihn meine Mutter und legte meinem Vater hastig seinen Toast auf den Teller.

„... das sieht ja scheußlich aus", sagte mein Vater und beendete damit seinen Satz gewissenhaft. Nein, er sagte es nicht, in meinen Ohren stellte er es fest. Es war eine knappe, sachliche Feststellung.

„Und ganz in Schwarz", sagte meine Mutter.

„Und dann deine Augen", sagte mein Vater. „So gehst du nicht in die Schule, Marie."

„Doch", sagte ich.

„Nein", sagte mein Vater.

Ich goss mir ein Glas Orangensaft ein und trank es in einem Zug leer. Dabei ließ ich meinen Vater nicht aus den Augen. Nur für einen kurzen Moment schaute ich auf seine Hände, die früher so riesig gewesen waren. Sie waren älter geworden, sahen ganz anders aus als auf meinem Foto.

„Marie, warum hast du das getan?", fragte meine Mutter.

„Weil mir meine langen Haare auf die Nerven gegangen sind", sagte ich, und auch das war eine sachliche Feststellung. Meine Stimme klang ruhig und höflich. Ich lächelte zufrieden und lehnte mich auf meinem Stuhl zurück.

„Sei nicht so frech", erwiderte mein Vater rätselhafterweise.

„Aber warum hast du nicht einfach einen Friseurtermin gemacht?", forschte meine Mutter. Ihre Stimme klang eher kläglich als sachlich. Meine Mutter mit den langen, hochgesteckten, ordentlichen Haaren.

Ich zuckte mit den Achseln und schwieg. Ich wusste, wie

es jetzt weitergehen würde. Sie würden vom Hundertsten zum Tausendsten kommen und alles hervorkramen, was sie sonst noch an mir auszusetzen hatten. Ich wappnete mich innerlich und schaute starr auf den Tisch. Die Toastbrote lagen unberührt auf den Tellern. Doch es kam anders, als ich gedacht hatte.

„Ist es wegen Leon?“, fragte meine Mutter plötzlich, und ihre Stimme klang nicht mehr kläglich, aber auch nicht sachlich, sondern behutsam, so als spräche sie zu einem sehr kleinen, sehr bemitleidenswerten Kind.

Ich zuckte zusammen.

„Was hat das jetzt mit Leon zu tun?“, fragte mein Vater ärgerlich.

Mit einem Ruck stand ich auf. „Ich gehe dann mal“, sagte ich schnell. Keiner hielt mich auf. Und Eric Burdon sang immer noch, als ich die Wohnungstür hinter mir zuzog.

Ich war früh dran und darum ließ ich mir Zeit. Ich stieg eine Haltestelle später ein als sonst und eine früher aus. Langsam schlenderte ich die Hauptstraße entlang. Die Sonne schien schon wieder sehr warm und bestimmt würden wir hitzefrei bekommen. Plötzlich fiel mir ein, dass meine Mutter mit keinem Wort erwähnt hatte, ob gestern Abend noch jemand gekommen und nach der verrückten, amerikanischen Lichterkette gefragt hatte. Vielleicht hatte Benjamin es ja vergessen oder er hatte sich doch noch eine andere Dekoration für seine Party einfallen lassen. Eine Weihnachtsparty im Hochsommer war sowieso eine merkwürdige Idee.

Ich betrachtete beim Laufen meinen dünnen Schatten und plötzlich fiel mir Friederike ein. Keine Sekunde hatte ich letzte Nacht an Friederike mit ihren langen roten Locken gedacht. Im Grunde sah ich mit meiner neuen Frisur aus wie eine dürre, verwitterte Vogelscheuche. Jetzt war der Kontrast zwischen mir und Friederike noch deutlicher, noch viel deutlicher.

Ich blieb vor einem Auto stehen und musterte mich im Seitenfenster. So konnte ich nicht in die Schule gehen, unmöglich. So durfte Leon mich nicht zu Gesicht bekommen. Aber was sollte ich stattdessen tun? Meine Mutter arbeitete nur drei Tage in der Woche in der Musikwerkstatt und heute war ihr freier Tag. Zurück nach Hause konnte ich also nicht. Schließlich entschloss ich mich, in den Park zu gehen. Schade, dass ich Mister Allen nicht abholen und mitnehmen konnte.

Ich stieg in den nächstbesten Bus und fuhr zurück. An der gleichen Haltestelle, an der ich vorhin eingestiegen war, stieg ich wieder aus. Von hier aus waren es nur ein paar Schritte bis in den kleinen Stadtpark. Ich achtete sorgfältig auf die vorüberfahrenden Autos. Mein Vater würde heute erst zur zweiten Stunde zur Schule fahren, aber man konnte nie genau wissen, wann er sich auf den Weg machte. Zum Glück bekam ich unseren alten blauen Volvo nicht zu sehen.

Im Park war es schön und friedlich und ruhig. Abgesehen von einigen Rentnern auf den Kieswegen und ein paar sehr kleinen Kindern mit ihren Müttern auf dem Kinderspielplatz war kaum etwas los. Ich überquerte eine Wiese und legte mich dann auf der nächsten bäuchlings ins Gras. Die Sonne schien auf mein schwarzes T-Shirt, das die Hitze geradezu anzog, und mein Rücken wurde heiß. So gerne wollte ich ganz locker und sorglos hier liegen, aber natürlich klappte es nicht. Ich musste immerzu an Friederike denken, die jetzt Leon hatte, der doch früher zu mir und meinem Leben gehört hatte. Warum nur hatte ich die ganze Zeit nicht gemerkt, wie sehr ich Leon liebte? Er war einfach nur Leon gewesen, so wie meine Eltern meine Eltern waren und Paula Paula. Nicht mal der Kuss hatte daran wirklich etwas verändert. Aber nun war es passiert: Wenn ich Leon jetzt sah, bekam ich Herzklopfen und weiche Knie und ein merkwürdiges, wackeliges Gefühl im Bauch. *Jetzt war ich in ihn verliebt. Und jetzt war es zu spät.*

Friederike hatte ihn mir gleich zweimal weggenommen. Meinen Freund Leon. Und den Leon, in den ich mich gerade verliebt hatte.

„Wer liegt denn hier und schwänzt die Schule?“, hörte ich plötzlich eine vertraute Stimme hinter mir. Als ich mich umdrehte, stand jemand breitbeinig über mir und lächelte zu mir hinunter. Es war Murat. Im nächsten Moment setzte er sich neben mich. Schnell richtete ich mich auf.

„Na, Schulschwänzerin“, sagte er. Und gleich darauf fügte er hinzu: „Ich habe dich übrigens bloß an deinem Rucksack erkannt. Du selbst bist ja völlig umgestylt, sozusagen.“

Er zupfte an meinen kurzen Haaren. „Sieht verschärft aus“, sagte er und grinste wieder. „Fehlt nur ein bisschen Farbe.“

Er kniff die Augen zusammen. „So sieht es mehr nach Knastschnitt in Mausgrau aus ...“

Er zog ein Päckchen Tabak aus seinem Schulrucksack und begann, sich eine Zigarette zu drehen.

„Ich für meine Person schwänze, weil ich heute mit meinem Geschichtsreferat dran wäre: *Hitlers Machtergreifung*“, erzählte Murat, während er sein Feuerzeug hervorzog. „Warum schwänzt du? Du schwänzt doch sonst nie, wenn ich mich recht entsinne.“

Ich zuckte mit den Achseln. Ich wollte nicht von Friederike und Leon sprechen, und schon gar nicht von meinem Gefühl, eine hässliche, verwitterte Vogelscheuche zu sein.

„Ich denke, du schwänzt wegen Leon, richtig?“, fragte

Murat plötzlich und schaute mich mit seinen dunklen Augen nachdenklich und freundlich an.

Es schienen tatsächlich alle Bescheid zu wissen! Stumm presste ich die Lippen aufeinander und schwieg weiter. Dazu gab es nichts zu sagen!

„Okay, der Knabe ist zurzeit ziemlich in diese USA-Tussi verknallt“, sagte Murat und inhalierte den Rauch. „Aber das geht vorbei, Darling. Und dann kriegst du ihn wahrscheinlich wieder. Der gute, alte Leon ist ja ziemlich traditionell veranlagt, will mir scheinen. Eines Tages wird er reumütig zu dir zurückkommen, und dann, zack, ist alles wieder gut.“

Ich schwieg immer weiter.

Da seufzte Murat und klopfte mir tröstend auf das Knie. Wir saßen in der Zwischenzeit im Schneidersitz nebeneinander auf der ausgedörrten Wiese und dann ließ Murat seine Hand einfach auf meinem Knie liegen.

„Wie ein nettes Rentnerehepaar sitzen wir hier“, sagte er irgendwann.

„Bloß dass die das mit dem Schneidersitz nicht mehr so gut hinkriegen würden“, sagte er eine ganze Weile später, als ich seinen Rentnervergleich schon fast wieder vergessen hatte.

„Richtig knallblond!“, sagte er noch eine ganze Weile später und nahm seine Hand von meinem Knie.

„Los, Darling!“ Plötzlich zog Murat mich an meinem Arm.

„Was hast du vor?“, fragte ich, und es war tatsächlich der erste Satz, den ich sprach. Dabei saßen wir hier schon über eine Stunde nebeneinander.

„Wir gehen zu meiner Schwester“, rief Murat und griff nach seinem und meinem Rucksack.

„Zu deiner Schwester?“, wiederholte ich verwirrt.

„Ja“, sagte Murat. „Sie arbeitet in einem Friseursalon ganz in der Nähe, Darling, und sie soll sich mal eine Weile mit deinem Knastschnitt beschäftigen!“

Widerstandslos ließ ich mich mitziehen – und eine Stunde später waren meine Haare millimeterkurz und so blond, dass sie fast weiß aussahen.

„Du siehst gigantisch aus, Darling“, sagte Murat zufrieden und warf seiner Schwester eine Kusshand zu, ehe die Friseurladentür wieder hinter uns ins Schloss fiel. „Malte werden die Augen aus dem Kopf fallen, wenn er dich sieht, das schwöre ich dir!“

„Malte?“, fragte ich verwirrt.

„Klar“, sagte Murat. „Heute Abend, wenn der Weihnachtsmann kommt!“

Zu Hause gab es wieder Ärger. Ich war nicht in der Schule gewesen und mein Vater hatte es natürlich erfahren.

Ich hatte mir die Haare färben lassen und meine Eltern sahen es.

Ich drehte in meinem Zimmer die Musik laut auf, um dem Zoff zu entfliehen, und sie hörten es.

Ich hatte mich eingeschlossen, mein Vater spürte es, als er eine Ewigkeit an meiner Türklinke herumrüttelte.

Dann wurde es plötzlich still in meinem lauten Zimmer. Die Lichter an meiner Anlage erloschen. Mein Vater hatte die Sicherung herausgedreht.

Das alles war natürlich keine gute Voraussetzung, um darum zu bitten, abends auf eine Feier gehen zu dürfen. Und deshalb bat ich auch gar nicht erst darum.

Still und stumm und ergeben lag ich in meinem stillen Zimmer auf dem Bett und starrte an die Zimmerdecke. Ich sehnte mich nach Leon und nach dem Frühzeitdinosauriersaal im Naturkundemuseum und nach allem, was vergangen war. Schließlich hielt ich die Stille nicht mehr aus. Nervös stand ich auf und holte meine Geige aus dem Kasten. Anschließend blätterte ich in meinen Notenheften. In die ersten Hefte hatte ich meinen Namen noch mit Füller und in Schreibschrift hineingeschrieben. Ich lächelte meiner kindlichen Schrift gerührt zu und spielte probeweise ein paar uralte, kinderleichte Übungsstücke. Meine Finger und mein Gehirn erinnerten sich sofort! Es war unglaublich. So, als hätte ich diese Stücke erst gestern zum letzten Mal gespielt und nicht vor Jahren. Stück für Stück arbeitete ich mich durch die alten Hefte. Über eine Stunde verging, bis ich bei den Stücken anlangte, die ich zurzeit üben sollte.

Ich spielte und spielte und fühlte mich wohl. Plötzlich klopfte es leise an meine Tür. Ich ließ die Geige sinken und kehrte in die Gegenwart zurück.

„Marie, ich bin es", hörte ich die Stimme meiner Mutter. Sie klang nicht mehr wütend, sondern freundlich.

„Ja?", fragte ich vorsichtig.

„Du hast Besuch", sagte meine Mutter mit ihrer normalen Stimme.

Ich runzelte die Stirn und legte die Geige auf mein Bett. „Wer ist es denn?"

„Er sagt, er heißt Benjamin", sagte meine Mutter.

Sofort schloss ich meine Tür auf. Benjamin saß in unserem Wohnzimmer. Von meinem Vater war weit und breit nichts zu sehen.

„Hi", sagte Benjamin.

„Hallo", sagte ich verlegen. Wenn er mich nun Geige spielen gehört hatte!

„Ich komme wegen der irren Kette, über die wir in der Schule gesprochen haben", sagte Benjamin. „Gestern habe ich es leider nicht mehr geschafft. Ist das Ding transportbereit?"

„Er will sich die Lichterkette ausleihen, die Johannes uns aus New York geschickt hat“, erklärte ich meiner Mutter.

„Deine Haare sehen übrigens geil aus“, sagte Benjamin in diesem Moment.

Ich warf meiner Mutter einen Blick zu. Und meine Mutter schaute auf Benjamins grüne Haare.

„Gefällt das deinen Eltern?“, fragte sie, und ich schämte mich dafür, dass sie sich so altmodisch benahm.

Benjamin zuckte mit den Achseln. „Sagen wir, sie haben sich dran gewöhnt“, antwortete er grinsend. „Und sie trösten sich mit meinem Bruder Jannis. Der gefällt ihnen gut, er ist so richtig wie aus dem Ei gepellt. Ich bin halt ein bisschen abartig, that's it!“

Was würde meine Mutter dazu sagen?

„Die Kette ist im Keller“, sagte sie dazu, mehr nicht. Ich atmete auf.

„Was wollt ihr denn mit dem schaurigen Ding?“, fügte meine Mutter noch hinzu.

„Nur so zum Spaß“, sagte Benjamin und zupfte an seinem kleinen Ziegenbart. „Für eine Feier, als Deko.“

„Aha“, sagte meine Mutter.

„Du kommst doch?“, erkundigte sich Benjamin und schaute mich an.

„Ich ...“, sagte ich und schaute meine Mutter an.

„Marie, ich denke ...“, begann meine Mutter, und ihre Stimme wurde schon wieder ein bisschen so, wie ich sie nicht mochte.

„Franka geht auch“, erklärte ich schnell. „Ich wollte hinterher bei ihr schlafen. Morgen ist schließlich Samstag, bitte.“

„Also, ich weiß nicht“, sagte meine Mutter. „Dein Vater wird sicher nicht ...“

Wir schauten uns an, es war ein richtiges Blickduell.

„Aber nur bis elf", entschied meine Mutter schließlich und streckte damit die Waffen. „Ich werde mit Frankas Mutter telefonieren. Ob sie euch abholt. Oder ob ich fahren soll. Oder ob ihr ein Taxi nehmt."

„Danke", sagte ich erleichtert.

Dann ging ich mit Benjamin in den Keller hinunter, um die Lichterkette zu holen.

„Deine Mutter ist echt in Ordnung", sagte Benjamin. „Komisch, dass sie mit einem wie deinem Vater verheiratet ist."

Ich nickte schwach.

7

Wir sollten mit dem Taxi fahren, so hatten meine und Frankas Mutter es verabredet. Und statt elf Uhr hatte Franka zwölf Uhr erstritten.

„Sie lässt dich gehen, obwohl du die Schule geschwänzt hast und obwohl du das mit deinen Haaren gemacht hast?", fragte Franka und schüttelte ungläubig den Kopf. „Sie ist schon nett, deine Mutter."

Ich nickte und dachte an den Streit, der jetzt bei uns zu Hause toben musste. Den Streit zwischen meinen Eltern – obwohl heute ihr Hochzeitstag war.

„Sie will *wohin* gehen?", hatte mein Vater gefragt.

Und als meine Mutter es ihm erklärte, wurde er richtig böse. „Erst der nächtliche Haarschneide-Unsinn, dann die Schule schwänzen und anschließend auch noch diesen ganzen Chemiedreck in die Haare schmieren! Und jetzt darf sie zur Belohnung feiern gehen? – Fast eine Stunde lang habe ich sie vergeblich gebeten, die scheußliche Musik leiser zu drehen! Ist das alles egal?"

Mein Vater stemmte seine Hände, mit denen er mich damals im Brutkasten auf der Frühgeborenenstation gestreichelt hatte, in die Seiten.

„Sie hat den ganzen Nachmittag lang Geige gespielt", sagte meine Mutter.

„Was ist denn das für ein Argument, Herrgott noch mal?", schrie mein Vater an seinem Hochzeitstag. Im Stillen gab ich ihm fast recht. Was war denn das für ein Argument? Das war eher wieder so ein Satz, den man schnell in winzige Fetzen reißen sollte, weil er peinlich war.

„Und Leon", fügte meine Mutter hinzu und warf meinem Vater einen eigentümlichen Blick zu.

Aber er bewirkte etwas. Ich durfte gehen. Und das tat ich. Ich gab meiner Mutter einen schnellen Kuss und floh aus unserer streittriefenden Wohnung.

Ich tat meinen Eltern also leid. Leon hatte mich achtlos aus seinem Leben geschubst und das hatte den Ausschlag dazu gegeben, dass ich heute auf Benjamins Party gehen durfte.

Danke, Leon.

Ich machte mich auf den Weg zu Franka.

Die Feier fand nicht im Garten von Benjamins Eltern statt. Aber das begriffen wir erst, als Franka und ich um halb acht dort ankamen und uns ein totenstiller, verlassener Garten empfing. Verwirrt drückten wir auf die Türklingel. Ein Mädchen aus der Dreizehnten öffnete uns.

„Wir wollten eigentlich zu Benjamins Party", sagte ich und kam mir blöd vor.

„Die findet auf dem Grillplatz am Niederwald-Steinbruch statt", sagte das Mädchen.

„Ach so", sagte ich, weil mir nichts Klügeres einfiel. Ich hatte keine Ahnung, wo dieser Grillplatz sein könnte.

„Hier wäre ja überhaupt kein Platz für so eine Feier",

sagte das Mädchen. Sie trug einen grünen Minirock und ein enges Bikinioberteil im gleichen Farbton. In ihren Ohrläppchen steckten grüne Glitzerohrringe in Blütenform. Und sogar in ihrem Bauchnabel sah ich ein grünes Strass-Piercing.

„Ich bin Amai", sagte sie jetzt. „Benjamins Schwester. Wenn ihr wollt, könnt ihr mit uns fahren."

„Okay", sagte Franka erleichtert.

Ein paar Minuten später drängten wir uns mit Benjamins älterer Schwester und drei anderen Mädchen in einen alten, klapprigen VW-Polo.

Amai schob eine CD von Janis Joplin in den Player des Autoradios und alle, außer Franka und mir, fielen in Janis Joplins Gesang mit ein. Und wieder machte ein Joint die Runde. Sogar Amai, die am Steuer saß, zog ein paarmal an der Haschzigarette.

Franka und ich schauten uns an.

„Wollt ihr auch?", fragte das Mädchen neben mir und hielt mir den Joint entgegen. Ich schüttelte stumm den Kopf, genau wie Franka.

Dann waren wir da. Obwohl es schon nach acht war, schien immer noch die Sonne.

Amai parkte das Auto auf einer Waldlichtung, auf der schon eine Menge andere Autos standen, und wir stiegen aus.

Laute Musik ertönte vom Grillplatz.

Jingle bells, jingle bells, jingle all the way ...

„Ob noch andere aus unserer Klasse da sind?", fragte Franka leise.

„Murat", sagte ich. „Und wo Murat ist, sind wahrscheinlich auch Kristina und Jakob."

Wir liefen hintereinander einen schmalen Waldweg entlang, einmal um den Steinbruch herum. Überall roch es nach

Sommer. Und dann waren wir da. Sie hatten einen großen, etwas windschiefen Tannenbaum über und über mit buntem Glitzerzeug behängt. Ich entdeckte Zuckerstangen wie aus einem Disney-Comic, Weihnachtskugeln, Lametta, aber auch verrückte Sachen wie einen Nike-Turnschuh, eine rosa Haarbürste, eine Harry-Potter-Figur, einen türkisfarbenen BH, eine Stoffgiraffe, die einfach an ihrem langen Hals in einen Ast hineingeknotet war, und noch jede Menge anderer Sachen in den Ästen. Außerdem war meine blinkende Engellichterkette rund um den riesigen Baum gelegt.

„Fröhliche Weihnachten, allerseits!", rief uns ein Mädchen entgegen, die ich noch nie zuvor gesehen hatte. Sie winkte und küsste Amai und ihre Freundinnen der Reihe nach auf die Wangen.

„Ich habe euch alle lieb, ihr Süßen", sagte sie, und dann küsste sie auch Franka und mich. „Frohes, frohes Fest!"

Damit drehte sie sich um und ging davon, schon wieder winkend. Mir kam es so vor, als schwanke sie leicht beim Gehen.

„Merry Christmas!", rief in diesem Moment ein anderes Mädchen. Es war Deborah und sie trug einen kleinen Plastiktannenbaum mit sich herum, der sich zappelig in ihren Händen wand und mit lauter, quakender Stimme Weihnachtslieder plärrte.

„Da seid ihr ja", sagte sie zu mir und Franka. Ich drehte mich um. Benjamins Schwester und ihre Freundinnen waren im Getümmel verschwunden.

Aus einem Lautsprecher ganz in unserer Nähe erklang jetzt ein anderes Lied. Eine tiefe Männerstimme sang „Süßer die Glocken nie klingen als zu der Weihnachtszeit ..."

„Ich dreh durch – Heino, Heino, Heino!", schrie das Mädchen, das neben Deborah stand. „Ich liebe Heino!" Sie schlang ihre Arme um Deborah und sang mit.

Franka grinste. „Ziemlich irre hier, oder?“, schrie sie mir ins Ohr, weil das Lied so laut war und der Lautsprecher direkt neben uns stand. Heinos Stimme fuhr mir brummend in den Magen.

Ich nickte.

„Malte hat schon nach dir gefragt“, rief Deborah in mein anderes Ohr. Dann sagte sie nichts mehr, sondern umarmte das Mädchen, das gesagt hatte, sie liebe Heino, und tanzte mit ihr. Es sah aus wie ein richtiger Blues.

Franka tippte sich an die Stirn und wir gingen weiter, ohne genau zu wissen, wohin.

Plötzlich wurde Heino unterbrochen. Es knackte ein paarmal in den aufgestellten Lautsprechern und dann schnitten rhythmische Technotöne Heino das Wort ab.

„Buh!“, schrien ein paar Mädchen empört, aber schon im nächsten Augenblick verwandelten sich die Buhrufe in wilden Jubel. Gleich neben dem geschmückten Tannenbaum war eine Tanzfläche entstanden, dort wo normalerweise gegrillt wurde.

„Los, ich will auf den Dancefloor!“, rief das Mädchen, das Heino mochte, und lief an uns vorüber. Deborah zog sie an der Hand hinter sich her.

Die Musik dröhnte durch den Steinbruch.

„Los, wir tanzen auch“, schrie Franka mir ins Ohr. Ich schüttelte den Kopf, aber trotzdem ging ich meiner Freundin hinterher, nur um nicht mehr so nah an dem Lautsprecher zu sein. Verstohlen schaute ich mich nach Malte um, aber ich konnte ihn nirgends entdecken.

Dafür sahen wir Samir. Er stand mit Lilli vor einer der drei Grillhütten und hatte seine Arme um ihre Hüften gelegt. Dieser Anblick fuhr mir durch den ganzen Körper. Es tat richtig weh. Ich hatte so gehofft, er würde sich für Friederike interessieren ...

Franka winkte mir zu und drängte auf den Dancefloor. Mit einem Mal stand ich alleine da und fühlte mich miserabel. Und da entdeckte mich Samir. Er winkte mir zu, deutete auf meine Haare und hob anerkennend den Daumen. Ich lächelte schwach und drehte mich dann wieder nach Franka um. Aber ich fand sie nicht mehr. Auf der engen Tanzfläche war es einfach zu voll. Der Geruch von Schweiß und Deos wogte mir entgegen, der kein Wunder war bei dieser Sommerhitze, die sogar noch um diese Uhrzeit und mitten im Wald zu spüren war.

Irgendwo musste eine Nebelmaschine stehen, auch wenn ich sie nicht entdecken konnte, aber die Tanzfläche war zwischendurch immer mal wieder in dichten Nebel gehüllt.

Die Musik stoppte kein einziges Mal. Ein Rhythmus ging einfach in den nächsten über, pausenlos.

Plötzlich hielt mir jemand von hinten die Augen zu.

„Murat!“, sagte ich, weil ich annahm, es müsste Murat sein. Es waren ganz sicher keine Mädchenhände, so viel stand fest.

Die Hände glitten von meinen Augen, strichen für einen Augenblick über meinen Hals und meine Schultern und meine Arme entlang. Schnell machte ich einen Schritt zur Seite und drehte mich um. Es war Malte. Er lächelte mich an und streichelte mit seinem Zeigefinger meine linke Wange, ganz kurz bloß.

„Hallo, Marie“, rief er und ich mochte seine Stimme. Er war kleiner als Leon, der einen ganzen Kopf größer ist als ich. Malte war nur ein paar Zentimeter größer als ich, aber trotzdem sah er männlicher aus als Leon. Natürlich, Leon war erst fünfzehn, so wie ich, während Malte bestimmt schon siebzehn war.

„Deine Haare sind ja ab“, sagte Malte.

Ich nickte.

„Sieht klasse aus", sagte Malte.

Maltes Haare waren auch anders als letzte Woche. Letzte Woche waren sie leicht lockig gewesen und fast schulterlang. Heute waren sie kürzer und standen in wirren Rastalocken um seinen Kopf. Ich fand, dass Malte richtig gut aussah. Nicht *schön* wie Leon, sondern gut.

„Tanzt du?", fragte Malte.

Ich schüttelte den Kopf.

„Warum nicht?", fragte Malte.

„Ich weiß nicht", sagte ich. „Ich habe Hunger."

Wieder ein peinlicher Satz. Ich war nicht viel besser als meine Mutter.

„Okay", sagte Malte. „Essen wir was. Und dann tanzen wir. Ich will den Beat in deinem Körper sehen."

Darauf erwiderte ich nichts, aber ich folgte Malte um den Dancefloor herum, zur letzten Grillhütte.

„Chili con Carne, Kartoffelsalat, Tacos, Knobibaguette, Maiskolben, Würstchen", zählte Malte auf. „Was magst du haben?"

„Einen Maiskolben", sagte ich. Malte nickte und holte zwei Maiskolben. Dazu reichte er mir einen rosa Plastikbecher, auf den jemand einen kleinen Weihnachtsmann-Sticker geklebt hatte.

„Was ist das?", fragte ich.

„Kiwibowle", sagte Malte.

„Schmeckt gut." Wir setzten uns auf den warmen Waldboden und knabberten unsere Maiskolben.

„Toll, dass du gekommen bist", sagte Malte zwischendurch. „Ich habe immerzu nach dir Ausschau gehalten."

Ich lächelte ihm zu. Wieder fiel mir auf, wie schön seine Stimme klang. So weich und sanft.

„Ich habe übrigens letzte Nacht von dir geträumt." Malte

sah mich an, als erwarte er auf dieses Bekenntnis eine Antwort, aber ich wusste nicht, was ich sagen sollte. Verlegen blickte ich auf meinen abgeknabberten Maiskolben.

„Du hast mich geküsst in diesem Traum, Marie“, fuhr Malte schließlich fort. Immer noch hatte er seinen Blick auf mich gerichtet, er schaute mich unverwandt an, bis mir unbehaglich wurde, dann grinste er plötzlich und warf seinen Maiskolben im hohen Bogen in den Wald hinein. Ich legte meinen unauffällig neben mich auf den Waldboden und bedeckte ihn mit ein paar Blättern. Ich hoffte, dass Malte es nicht sah. Ich wusste überhaupt nicht so genau, wie ich mich ihm gegenüber verhalten sollte. Er war mir doch ganz fremd, im Grunde, und trotzdem sagte er Sachen, die noch nie jemand zu mir gesagt hatte, und schaute mich an, wie mich noch nie jemand angeschaut hatte.

„Weißt du was, Marie“, sagte er in diesem Augenblick.

„Was?“, fragte ich.

„Eines Tages werden wir miteinander schlafen, das spüre ich, und es wird eine gemeinsame Reise von unglaublicher Energie sein.“

Ich hielt den Atem an. Was redete Malte da bloß? Ich wurde so verlegen, dass ich kaum weiteratmen konnte.

Malte sprach über Sex, als wäre das die normalste Sache der Welt. Und er sprach nicht nur einfach über Sex – sondern über Sex mit mir!

Ich stand abrupt auf. „Komm, wir gehen zu den anderen zurück“, murmelte ich und stolperte über meine eigenen Worte vor Nervosität.

„Du bist sehr energiegeladen, Marie“, sagte Malte und stand ebenfalls auf. „Das spüre ich. Für jemanden, der so kosmisch fühlt wie ich, ist es nicht leicht, einfach so neben dir zu sitzen, ohne dich zu berühren. Weil – man wird ganz wild auf deine Schwingungen und auf deine Aura.“

Wir standen uns dicht gegenüber und plötzlich legte Malte seine Hände um mein Gesicht und küsste mich wieder, so wie neulich im Park. Etwas in mir war erschrocken und empört, aber etwas anderes in mir machte, dass mir heiß und kalt gleichzeitig wurde. Ich fühlte, wie Malte meinen Mund mit seiner Zunge einen Spaltbreit öffnete.

Da machte ich einen Schritt rückwärts. „Nein, nicht", sagte ich.

„Okay, sorry", sagte Malte sofort und lächelte entschuldigend. „Tut mir wirklich leid, wenn ich dich mit meinen Gefühlen überrumpelt habe."

„Ich will zu Franka", sagte ich schnell.

„Okay", sagte Malte wieder. Er lächelte mir zu und ich lächelte vorsichtig zurück. Dicht nebeneinander gingen wir zu den anderen. Ein paarmal stießen unsere Hände beim Laufen aneinander. Das fühlte sich schön an.

„Er ist verliebt in dich, das ist nicht zu übersehen", sagte Franka zu mir, als wir eine Weile später zusammen losgingen, um uns noch ein Glas Kiwibowle zu holen.

Ich schaute nachdenklich vor mich hin. Vielleicht stimmte das.

„Und wie ist es mit dir?", fragte Franka, die sehr verschwitzt aussah. „Gefällt er dir auch?"

„Ich bin nicht sicher", sagte ich und schöpfte mir einen Schwall Kiwibowle in meinen Becher.

„Jedenfalls sieht er gut aus", sagte Franka und hielt mir ihren Becher hin. Wir stießen an und tranken. „Besser als Leon, wenn man es genau nimmt", fuhr sie fort. „Und cooler."

Langsam schlenderten wir zur Tanzfläche zurück. Deborah und ihre Freundin tanzten immer noch.

„Die haben echt Kondition", sagte Franka und trank

schnell ihren Becher leer. Dann drückte sie ihn mir in die Hand.

„Schade, dass du nie tanzen willst“, rief sie noch und sprang davon. Einen Moment später stand Samir neben mir.

„Na, kein Bock auf tanzen?“, fragte er mich und legte seinen Arm um meine Schulter.

Ich schüttelte den Kopf.

„Warum nicht?“, fragte Samir.

„Ich komme mir irgendwie lächerlich dabei vor“, gab ich zu, obwohl ich das eigentlich nicht hatte sagen wollen. Es musste an der Kiwibowle liegen. Mir war angenehm warm und leicht im Kopf.

„Verstehe“, sagte Samir.

„Ich habe immer das Gefühl, alle außer mir können richtig tanzen. Außerdem ist es mir peinlich, wenn mich jeder beobachten kann. Alleine, zu Hause in meinem Zimmer, da tanze ich manchmal.“

„Verstehe“, sagte Samir wieder. Er lächelte mir zu. „Willst du vielleicht noch was trinken?“

Ich nickte und wir gingen zur Grillhütte, in der die Getränke standen. Aber die Kiwibowle war inzwischen leer.

„Nehmen wir halt ein Glas Campari, ist auch lecker“, entschied Samir achselzuckend und füllte unsere Gläser mit einem roten Drink.

„Prost, Marie!“, sagte er.

„Prost!“, antwortete ich. Ich trank und mir wurde immer wärmer. Die Kiwibowle hatte allerdings besser geschmeckt. Plötzlich sah ich Samir nur noch durch Nebel. Aber die Nebelmaschine war doch hinten auf der Tanzfläche? Der Nebel schien überhaupt überall zu sein.

Ich setzte mich erschöpft auf einen Baumstumpf. Mein Kopf fühlte sich plötzlich schwer an, schwer und wackelig.

„He, Marie, ich glaube, du hast einen Schwips“, sagte

Samir und setzte sich zu mir. „Aber du hast Glück: Ich habe da was dabei, das dich wieder fit macht." Er griff in seine Jeanstasche und fischte ein kleines Tütchen heraus, in dem ein paar grünliche Pillen waren.

„Was ist das?", fragte ich. Meine Stimme klang eigenartig belegt und in meinem Kopf drehte sich alles. Ich hatte ganz sicher zu viel von der Kiwibowle getrunken. Und das Glas Campari hatte mir den Rest gegeben.

„So eine Art Fitnesspillen", sagte Samir. „Pass auf, die bringen dich wieder auf den Damm."

Mit diesen Worten stand er auf. „Warte hier, ich hole dir ein Glas Orangensaft und dann geht es dir ruck, zuck besser, versprochen!"

Ich nickte und ein paar Augenblicke später schluckte ich die kleine grüne Pille, die Samir mir in die Hand gelegt hatte. Zusammen mit einem Schluck Orangensaft spülte ich sie hinunter.

Es war wunderbar. Das Leben. Und dieses Fest. Die Musik wummerte mir in den Kopf. Und in den Bauch. Und in die Seele. Vor allen Dingen in die Seele. Ich fühlte mich plötzlich von Kopf bis Fuß leicht und glücklich.

„Wo ist denn Franka?", fragte ich Samir.

„Die tanzt bestimmt noch."

„Ich möchte zu ihr", sagte ich.

„Okay, gehen wir", sagte Samir und lächelte.

Es war in der Zwischenzeit dunkel geworden. Der geschmückte Tannenbaum glitzerte und strahlte.

„Wie schön!", sagte ich und schob meine Hand in Samirs Hand. „Wie wunderschön!"

Ich war nicht mehr müde. Auf der Tanzfläche entdeckte ich Franka. Ich winkte ihr zu, aber sie sah mich nicht.

„Franka!", rief ich. „Franka! Franka!"

Ich schob mich an den anderen vorbei auf den Dancefloor. Der Wald war jetzt ganz in der Dunkelheit verschwunden. Das einzige Licht, das noch geblieben war, waren wir.

„Franka!“, rief ich wieder, umarmte meine Freundin von hinten und legte meine Wange auf ihre Schulter. Franka drehte sich um.

„Marie!“, rief sie überrascht und außer Atem. „Du tanzt ja! Wow!“

Und das stimmte. Ich tanzte mit Franka und mit Lilli und mit allen anderen. Eine Menge Gesichter lächelten mir zu.

„Ich kann nicht mehr, ich brauche eine Pause“, keuchte Franka irgendwann. „Wollen wir was trinken gehen?“

Ich schüttelte den Kopf und bewegte mich mit der Musik, in der Musik. Ich hatte das Gefühl, die Musik zu sein.

„Franka, ich könnte die ganze Welt umarmen, irgendwie“, rief ich.

„Was ist denn plötzlich los mit dir?“, fragte Franka und blieb stehen. Sie wischte sich die Haare aus dem verschwitzten Gesicht. „Bist du betrunken?“

Ich schüttelte den Kopf.

„Blödsinn, mir geht es einfach gut“, sagte ich und tanzte davon. Und damit hatte ich Franka aus den Augen verloren. Ich fand sie einfach nicht mehr wieder, aber das machte nichts. Ich tanzte mit Lilli und Deborah und irgendwann tanzte ich mit Malte.

„Marie, du bewegst dich wie eine Göttin“, rief mir Malte ins Ohr. Seine Rastalocken streichelten meine heiße Stirn. Das fühlte sich schön an und ich legte meine Arme um Maltes Hals.

„Komm, wir gehen was trinken“, sagte Malte etwas später und zog mich an der Hand von der Tanzfläche.

Die Engel am Tannenbaum glitzerten in allen Farben. Ich hatte nie gewusst, wie schön sie waren.

Ich erinnerte mich plötzlich an früher, als meine Oma noch gelebt hatte und jedes Jahr an Weihnachten zu uns zu Besuch gekommen war. Sie war so lieb gewesen. Sie fehlte mir.

Malte zog mich mit sich. Irgendwo zwischen ein paar Bäumen blieben wir stehen und Malte drückte mir eine lauwarme Flasche Mineralwasser in die Hand.

„Da, trink was", sagte er.

„Ich habe keinen Durst", sagte ich. „Ich will dir was erzählen. Von meiner Oma, die gestorben ist."

„Trink erst was und erzähl dann", sagte Malte.

Gehorsam trank ich ein paar Schlucke. Auch Malte trank etwas. Dann trank wieder ich. Irgendwann war die Flasche leer und wir hockten uns nebeneinander auf den Waldboden.

„Seit meine Oma gestorben ist, war ich irgendwie immerzu traurig und traurig und traurig", sagte ich leise und kuschelte mich an Malte, der seinen Arm um mich gelegt hatte. Ein bisschen hatte ich das Gefühl zu frieren, aber ich fror gar nicht.

„Bis heute Abend wusste ich nicht, *wie* traurig ich ihretwegen war. Aber ich war schrecklich, nur ganz schrecklich traurig. Weißt du, wie sie gestorben ist?"

Malte schüttelte den Kopf und streichelte mein Gesicht.

„Es war ein paar Tage nach ihrem siebzigsten Geburtstag", sagte ich leise. „Sie war einkaufen gewesen und kam nach Hause. Sie setzte sich auf einen Stuhl in ihrer Küche und stellte ihre beiden Einkaufstüten links und rechts von ihrem Stuhl ab. Den Mantel ließ sie an. So hat meine Mutter sie gefunden am nächsten Tag. Sie saß immer noch da. Angelehnt an die Stuhllehne. Ich schätze, sie wollte bloß ein bisschen verschnaufen nach der Treppensteigerei. Und dann wollte sie ihren Mantel ausziehen und die Tüten auspacken. Aber der Tod kam ihr irgendwie dazwischen. Stell dir das mal vor!“

Ich merkte, dass ich zitterte. Malte küsste mein heißes Gesicht.

„Ich habe damals nicht geweint. Ich war zu erschrocken dazu, irgendwie. Als sie beerdigt wurde, sah ich sie in ihrem Sarg liegen. Meine Eltern und ich standen für eine Weile vor ihrem offenen Sarg. Sie sah wütend aus. Wütend und streng und gereizt. Wahrscheinlich, weil sie es nicht mehr geschafft hatte, ihre Einkäufe auszuräumen. Und außerdem hatten sie ihr ein scheußliches Kleid angezogen. Meine Oma hat dieses Kleid nie leiden können. Sie hat es mal für die Beerdigung von einer Nachbarin gekauft, weil es sehr schick aussah und ein Sonderangebot bei C&A war. Aber sie fand es spießig und unbequem. Trotzdem hat mein Vater es für sie ausgesucht. Stell dir das mal vor! Da ist sie schon so überstürzt gestorben – und dann musste sie auch noch in diesem grässlichen Kleid ins Grab. Das hat sie doch jetzt immer an.“

Ich schluckte. Warum redete ich nur so viel? Malte interessierte das ja vielleicht gar nicht.

„Du Arme“, sagte Malte in diesem Moment, und seine Stimme klang schon so, als interessiere er sich für meine gestorbene Oma.

„Ich habe tatsächlich kein einziges Mal geweint, damals“, fuhr ich verwirrt fort. „Dabei war ich wirklich absolut down, als es passierte. Meine Eltern haben beide geweint. Und – Leon auch, stell dir mal vor. Dabei war es doch *meine* Oma und nicht seine! Aber Leon hat meine Oma sehr gemocht. Seine eigene ist ein bisschen komisch. Sie malt komische Bilder und formt komische Tonsachen und lebt auf Lanzarote. – Merkwürdig, dass ich damals als Einzige nicht weinen konnte …“

Ich fing an zu weinen, obwohl ich heute gar nicht traurig war. Im Gegenteil, heute war ich zum ersten Mal seit Langem wieder glücklich.

„Malte, ich bin nicht traurig, auch wenn ich weine“, schluchzte ich und kam mir ein bisschen blöd vor. „Ich habe dich gerne, Malte, sehr gerne.“

Und dann küsste ich ihn und es war wunderschön.

Malte hielt ganz still und ließ sich küssen und ich küsste sein ganzes Gesicht, immer wieder. Ganz sanft und behutsam, so wie ich Mister Allen geküsst hatte, als er ein winziger Welpe von ein paar Wochen gewesen war.

Ich spürte, wie ich mich verliebte.

8

Was dann passierte, kann man nur Chaos nennen, auch wenn ich es nicht so empfand. Irgendwann gingen Malte und ich zu den anderen. Franka war nirgends zu sehen, aber das machte mir nichts aus. Malte und ich liefen Hand in Hand zu Deborah, Lilli, Benjamin, Amai und ihren Freundinnen. Bald darauf gesellten sich auch Murat, Jakob und Kristina zu uns. Malte hatte seinen Arm um mich gelegt und streichelte sanft meinen Rücken.

Wir waren um den Steinbruch herum und an den parkenden Autos vorbeigegangen und saßen auf einer kleinen, von Ginsterhecken umgebenen Lichtung. Der Himmel über uns war dunkel und voller Sterne.

„Da zirpen Grillen“, sagte ich leise zu Malte und lauschte gespannt. „Das hört sich schön an.“

Malte nickte und ich nahm den Geruch von Haschisch wahr. Er vermischte sich mit dem Geruch nach Sommernacht und Waldluft, und ich fand, es roch richtig gut.

„Wie es wohl ist, eine Grille zu sein?“, flüsterte ich.

„Wunderschön, bestimmt“, sagte Malte. „Auch die Grille gehört ja zum Universum, genau wie wir. Sie hat ihre Aufgabe und ihren Sinn zu erfüllen.“

In diesem Moment reichte jemand die Haschzigarette an mich weiter. Aus den Augenwinkeln sah ich, dass es Lilli war. Vorsichtig nahm ich sie aus ihren warmen Fingern und setzte sie an meine Lippen. Der Rauch der Glut drang in meine Nase. Trotzdem nahm ich einen schnellen Zug. Ich musste husten und Malte nahm mir den Joint lächelnd aus der Hand und klopfte mir auf den Rücken, bis der Husten aufhörte.

Ein paar Minuten später erreichte mich der Joint erneut. Diesmal zog ich vorsichtiger. Ich behielt den Zug einen Augenblick im Mund und inhalierte dann ganz vorsichtig. Diesmal hustete ich nur leicht, obwohl es im Hals brannte. Mir wurde ein bisschen schwindelig. Wieder lächelte Malte mir zu.

Ich lehnte mich an ihn, legte meinen Kopf gegen seine Schulter und schaute zum Himmel empor. Ich fühlte mich leicht und glücklich in diesem Moment.

„Was ist denn das für ein komisches lila Licht dahinten?“, flüsterte ich irgendwann verwirrt.

„Das ist der Tag, Marie“, antwortete Malte und streichelte mit den Fingerspitzen seiner rechten Hand ganz leicht meinen Hals, meine Schultern, meine Brüste und meinen Bauch.

„Schön, ein lila Tag“, sagte ich und wurde schläfrig.

Ich schlief ein, aber ich schlief nicht richtig, weil ich die anderen reden hörte, wie aus weiter Ferne, wie ein beruhigendes Murmeln, einmal lachte jemand leise auf und ich schaute aus halb geschlossenen Augen in die verschwommene, friedliche Runde.

„Ich muss übrigens um zwölf mit Franka ein Taxi rufen und nach Hause fahren“, sagte ich irgendwann. „Komisch, wie sollen wir das von hier aus machen? Hier gibt es doch gar keine Taxis.“

„Es ist gleich sechs“, sagte Malte. „Ich muss auch demnächst los, wir werden schon einen finden, der uns mit zurücknimmt.“

„Es ist sechs Uhr?“, wiederholte ich und richtete mich mit einem Ruck auf.

Malte nickte.

„Dann muss ich sofort los“, sagte ich.

„So eilig?“, fragte Malte.

Diesmal nickte ich.

„Okay, machen wir uns auf die Socken.“

Ich erhob mich und schaute mich um. „He, wo sind denn Murat und die anderen?“, fragte ich.

„Gefahren, schon vor Ewigkeiten“, erklärte Malte. „Hast du das gar nicht mitbekommen?“

Ich schüttelte den Kopf und fühlte mich eigenartig. Wach und müde gleichzeitig. Vergnügt und nicht ganz so vergnügt, ebenfalls gleichzeitig.

Wir fuhren mit Leuten zurück, die ich noch nie gesehen hatte.

„Wo wohnst du denn?“, fragte mich der Beifahrer und drehte sich zu uns um. Malte hatte gesagt, das sei Jannis, Benjamins älterer Bruder. Kaum zu glauben, dass er tatsächlich mit Benjamin verwandt sein sollte. Er war ein ganz anderer Typ. Obwohl er noch sehr jung aussah, trug er schicke Designersachen und auf der Nase hatte er eine edle, dunkle Sonnenbrille von Jean Paul Gaultier, dieser Name war jedenfalls auf dem rechten Brillenbügel eingeprägt, in winzigen Buchstaben. Ich musste dauernd darauf starren. Überhaupt hatte ich das Gefühl, an diesem Morgen messerscharf sehen zu können. *Wie ein Adler vielleicht, der aus höchsten Höhen eine winzige, um ihr Leben rennende Maus im Auge behalten konnte ...*

Ich nannte Benjamins Bruder vorsichtshalber Frankas Adresse. Es war schließlich noch sehr früh. Vielleicht hatte Frankas Mutter gar nicht entdeckt, dass ich in der Nacht nicht mit zurückgekommen war.

Aber natürlich hatte sie es entdeckt. Anscheinend schon mitten in der Nacht, denn auch Franka schien viel zu spät nach Hause gekommen zu sein. Sie sagte, sie habe zuerst mich gesucht wie verrückt und danach jemanden, der sie mit in die Stadt nahm. Und all das hatte Zeit gekostet.

Meine Mutter und Frankas Mutter saßen in der Küche, als ich kam. Noch bevor ich ein Steinchen gegen Frankas Zimmerfenster werfen konnte, wurde die Haustür aufgerissen.

Alleine stand ich vor meiner Mutter.

„Hallo“, sagte ich.

Mit ausdruckslosem Blick schaute meine Mutter mich an.

„Entschuldige bitte, dass ich jetzt erst komme“, sagte ich höflich und versuchte, versöhnlich zu lächeln.

„Das hätte ich nie von dir gedacht, Marie“, sagte meine Mutter. In diesem Moment kam auch Frankas Mutter an die Tür. Sie sah müde und zerzaust aus, ähnlich wie meine Mutter. Konnte es sein, dass die beiden die ganze Nacht nicht geschlafen hatten? Zum ersten Mal fiel mir auf, dass meine Mutter schon eine Menge Falten hatte. Um den Mund herum, an den Augen und auf der Stirn. Die Haut in ihrem Gesicht war weich. Ich runzelte die Stirn und schaute sie stumm an, mit diesem messerscharfen Blick, den ich heute Morgen hatte.

Die Hände meines Vaters waren alt geworden und das Gesicht meiner Mutter war alt geworden.

Dabei war meine Mutter doch erst achtunddreißig.

Keiner sagte etwas.

„Wie gesagt, es tut mir leid, dass ich erst jetzt komme", wiederholte ich schließlich.

Keiner nickte, keiner erwiderte etwas, keiner erteilte mir Absolution. Allerdings gab es auch kein Geschrei, so wie sonst, wenn meine Mutter wütend war. Es passierte einfach gar nichts – es war bloß still zwischen uns.

„Übrigens hättet ihr Oma nicht in diesem blöden Kleid beerdigen sollen", sagte ich irgendwann und warf meiner Mutter einen vorwurfsvollen Blick zu.

Meine Mutter runzelte die Stirn, aber sie schwieg immer weiter und dann fuhren wir nach Hause.

Zu Hause schickte sie mich sofort in mein Zimmer.

„Über das, was da passiert ist, reden wir noch", sagte sie mit scharfer Stimme und stand in meinem Türrahmen. Die Wohnung hinter ihr war ganz still.

„Außer an eurem Hochzeitstag habt ihr nie Musik an", sagte ich und schaute meine Mutter an.

„Sei nicht unverschämt, Marie", sagte meine Mutter und ihre Stimme war wieder scharf.

„Ich bin nicht unverschämt", erwiderte ich. „Es ist mir bloß aufgefallen, das ist alles."

Meine Mutter warf mir einen letzten bösen Blick zu und zog dann die Tür zwischen sich und mir zu. Es hätte mich nicht gewundert, wenn ich im nächsten Moment gehört hätte, wie sie meine Tür von außen verschloss wie ein Gefängniswärter. Aber das tat sie natürlich nicht.

Ich zog mich aus und kroch ins Bett, aber obwohl ich müde war, konnte ich nicht einschlafen. Ich lag da und war in meinem müden Körper hellwach. Ich hörte, wie die anderen aufstanden. Mister Allen trabte durch die Wohnung, mein Vater hustete und ging ins Bad, in der Küche klapperte Geschirr.

Vom Bett aus schaute ich aus dem Fenster. Ich schaute in den hellen Himmel und dachte über meine Eltern nach. Irgendwann ging ich zum Schreibtisch und holte mir einen Stift und ein leeres Heft ins Bett.

„Was meine Mutter interessiert", schrieb ich auf die erste Seite. Ich hielt einen Moment inne. „Alles, was mit Musik zu tun hat. Was sie wiegt. Blumen. Dass mein Vater den Hochzeitstag nicht vergisst. Dass ich in der Schule gut bin. Dass ich möglichst selten bei McDonald's esse. Die politische Situation in Israel. Ihre Freundschaft mit Leons Mutter."

Mehr fiel mir im Moment nicht ein. Darum blätterte ich die Seite um und schrieb auf ein neues Blatt: Was meinen Vater interessiert: Physik. Alternative Energieformen, vor allen Dingen Sonnenenergie. (Er wünscht sich Solarzellen für unser ganzes Wohnviertel.) Dass die Wohnung ordentlich ist. Waldorfpädagogik. Dass man im Sarg sehr ordentlich und konservativ aussieht. Dass ich genug schlafe, für die Schule lerne und ihn nicht bei seinen Kollegen blamiere. Dass ich keine laute Musik höre. Seine Bandscheiben. Bilder von Pablo Picasso.

Ich hielt inne. „Was mich interessiert", schrieb ich dann auf die dritte Seite. „Liebe. Glück. Das Universum. Der Sinn des Lebens. Meine Freiheit. Wie es wäre, eine Grille oder eine Blume oder ein Baum zu sein. Die Erinnerungen an meine Oma. Tanzen. Mister Allen. Und Malte und Franka."

Wir hatten einfach keine Übereinstimmung, meine Eltern und ich.

Irgendwann schlief ich ein.

Ich war nicht gut drauf, als ich mittags aufwachte. Ich hatte Kopfschmerzen und fühlte mich bleischwer und erschöpft. Zum ersten Mal seit einer halben Ewigkeit war der

Himmel draußen nicht hell, die Sonne schien nicht mehr. Der Himmel hatte eine merkwürdige Farbe, er sah irgendwie kränklich aus und die sommerheiße, ausgelaugte Luft stand gnadenlos still. Überall. Mister Allen lief hechelnd durch die Wohnung, ich konnte ihn auf dem Parkettfußboden hören. Anscheinend suchte er einen kühlen Platz.

Eine Weile saß ich stumm auf dem Bett, dann raffte ich mich auf und schob eine CD in meine Anlage. Die CD war von Peter Fox und Franka hatte sie mir geschenkt. Vorsichtig drehte ich den Lautstärkeregler ein bisschen höher. Und dann noch ein bisschen lauter. Die Musik umhüllte mich angenehm. Ich erinnerte mich daran, wie ich letzte Nacht getanzt hatte. Es war schön gewesen, schön und leicht, die Bewegungen waren einfach so aus mir herausgekommen, ganz von selbst.

Meine Zimmertür ging auf.

„Marie!", rief meine Mutter.

„Entschuldigung", sagte ich und stellte die Musik leiser.

„Das ist immer noch zu laut", sagte meine Mutter.

Ich schüttelte den Kopf, aber meine Mutter ging trotzdem zu meiner Anlage und drehte sie leise.

„Du bist schließlich nicht alleine in der Wohnung. Und du hast außerdem allen Grund, dich gut zu benehmen."

Wir schauten uns an. Wieder sah ich das Alter meiner Mutter, obwohl sie jetzt geschminkt war. Wie schrecklich, dass man so schnell alt wurde! Nicht mehr lange, und meine Mutter würde aussehen wie eine alte Frau. Und dann starb man schnell und wurde mir nichts, dir nichts beerdigt. Wenn man Pech hatte, in sehr hässlichen Anziehsachen. Und man konnte sich nicht mal mehr wehren.

„Also, was war los vergangene Nacht?", fragte meine Mutter und setzte sich auf meinen Schreibtischstuhl.

„Ich habe die Zeit vergessen", sagte ich und hasste dieses

Gespräch, bei dem ich schuldig war und mich verteidigen musste. Ich dachte daran, wie ich Malte geküsst hatte. Es war die beste Nacht meines Lebens gewesen, viel besser als alle Nächte zusammen, die ich in meinem öden, langweiligen Zimmer zugebracht hatte.

„Die Zeit vergessen?", wiederholte meine Mutter. „Bis heute Morgen um sieben?"

Ich schüttelte den Kopf. „Bis um sechs", sagte ich wahrheitsgemäß.

„Werd nicht frech", sagte meine Mutter.

„Ich bin nicht frech", sagte ich. „Du hast mich gefragt, ob ich die Zeit bis sieben Uhr vergessen hätte, und ich habe gesagt: ‚Nein, bis um sechs!'"

Meine Mutter seufzte. „Bis sechs oder sieben ist doch egal, Marie", sagte sie dann. „Ich hatte dir elf Uhr erlaubt!"

„Frankas Mutter hat gesagt, zwölf Uhr ist auch okay", unterbrach ich ärgerlich.

„Aber um zwölf seid ihr nicht gekommen!", schrie meine Mutter.

Ich zuckte zusammen und spürte, wie meine Kopfschmerzen stärker wurden. Sie legten sich wie ein heißer Eisenring um meinen Kopf.

„Wir haben die Zeit vergessen", sagte ich, und meine Stimme klang gereizter, als ich es wollte. „Und dann haben wir uns nicht gefunden – und es war sowieso alles ein bisschen kompliziert, weil die Party nicht bei Benjamin im Garten, sondern auf einem Grillplatz im Wald war."

„Im Wald!", wiederholte meine Mutter. „Wie seid ihr denn da hingekommen?"

Ich sagte es ihr.

„Im Wald", wiederholte meine Mutter noch einmal. „Die ganze Nacht im Wald. Was da alles hätte passieren können!"

„Wir sind ja keine Kleinkinder mehr", sagte ich.

Meine Mutter ignorierte diesen Satz.

„Alkohol, Drogen ...“, murmelte sie stattdessen. „Oder Feuer, in diesem ausgedörrten Sommer! Ihr hättet einen riesigen Waldbrand verursachen können.“

„Haben wir aber nicht“, erwiderte ich.

Wir redeten noch eine Weile hin und her und dann bekam ich eine Woche Hausarrest, und meine Mutter sagte mir, dass mein Vater mich jeden Tag im Auto mit zur Schule nehmen und auch wieder heimbringen würde.

„Ist das klar, Marie?“

„Ja“, antwortete ich und schaute aus dem Fenster. Draußen fing es an zu regnen, in dicken, schweren, schwerfälligen Tropfen. Dazu wehte von einem Moment zum anderen ein heftiger, wirbeliger Wind. Die Hitze war vorüber. Ein paar Minuten später goss es in Strömen. Wie eine Flutwelle spülte der Regen den Sommer davon.

9

„Ich werde echt noch verrückt“, sagte ich in der Schule zu Franka.

„Weil Leon jetzt neben Friederike sitzt?“, fragte Franka und sah mich aufmerksam an.

Ich schüttelte den Kopf. „Nein, weil sie mich zu Hause wirklich bewachen. Mein Vater spielt stoisch Gefangenentransporter und meine Mutter Aufseherin. Sie gibt sogar ihren blöden Harfenunterricht zu Hause!“

„Nicht zu glauben“, sagte Franka.

Wir standen auf dem Schulhof unter dem Vordach unseres Pavillons.

„Da kommt Herr Winter“, sagte Franka und deutete mit ihrem Schinkenbrot auf unseren Klassenlehrer.

„Denkst du an dein Referat?“, fragte Herr Winter, als er uns erreichte.

Ich nickte und Herr Winter ging weiter. Er hatte auch ein Schinkenbrot in der Hand und lief damit durch den Regen, der heute nicht mehr ganz so wild war wie an den vergangenen beiden Tagen. Es war eher ein Nieselregen, aber überall auf den Wegen waren noch tiefe Pfützen.

„Was war denn eigentlich wirklich los, Freitagnacht?“, fragte Franka plötzlich.

„Was meinst du?“, fragte ich.

„Na, mit dir und Malte“, sagte Franka.

„Wir haben geredet“, sagte ich, ohne sie anzuschauen.

„War das alles?“

„Ja.“ Ich dachte an Maltes Küsse und an seine Hände, die mich gestreichelt hatten. Aber darüber wollte ich nicht sprechen.

„Du warst ziemlich betrunken“, warf Franka ein. „Wie du getanzt hast ...“

Ich schwieg.

„Murat hat zu mir gesagt, er glaubt, ihr habt etwas genommen, du und Malte.“

Ich dachte an Samirs grüne Pillen.

„Blödsinn“, sagte ich.

„Bist du sicher?“, fragte Franka. „Murat sagt, auf diesen Partys geht es manchmal ganz schön ab. Manche nehmen Ecstasy, manche sogar LSD oder Koks.“

„Ich bin doch nicht blöd“, sagte ich.

„Ich weiß.“ Aber Franka sah so aus, als würde sie mir nicht wirklich glauben. Einen Moment später klingelte es und die große Pause war vorbei.

Und zwei Tage später war auch die Hausarrestwoche zu Ende.

„Am Samstag ist eine kleine Party“, erzählte mir Samir,

als wir am Freitagmittag nach der letzten Stunde nebeneinander am großen Kunstraumspülbecken standen und unsere Aquarellpinsel ausspülten. „Bei Deborah im Partykeller. Klein, aber fein. Malte lässt fragen, ob du kommst."

Ich schüttelte den Kopf. „Ich darf garantiert nicht weg", sagte ich und überlegte dabei fieberhaft, ob ich die Frage stellen sollte, die mir immerzu durch den Kopf ging. Sie betraf die kleine Pille, die Samir mir gegeben hatte.

„Samir ...", begann ich schließlich.

„Was?", fragte Samir.

„Ach, nichts", sagte ich schnell.

„Kann ich mit Mister Allen in den Park gehen?", fragte ich am Nachmittag meine Mutter. Das Hochgefühl in mir, das mich noch über die halbe Woche gerettet hatte, war jetzt endgültig verschwunden. Es hatte sich einfach so verflüchtigt und hinterließ eine merkwürdige Leere in mir. Es war fast, als habe es die Nacht am vergangenen Wochenende gar nicht gegeben. Dieses glückliche Gefühl, das ich empfunden hatte, kam mir sehr fern und fast unwirklich vor.

„Du hast recht, der Hund könnte einen ordentlichen Spaziergang gebrauchen", sagte meine Mutter. „Wenn du nichts dagegen hast, komme ich mit!"

Ich seufzte, aber ich widersprach nicht.

„Wie lange wollt ihr mich eigentlich noch bewachen?", fragte ich im Park, der gar nichts Sommerliches mehr hatte, sondern schon nach dem kommenden Herbst roch. Die Kastanien an den Kastanienbäumen waren nicht mehr zu übersehen und einige braune Blätter lagen unordentlich auf dem nassen Boden. Wie schnell das gegangen war. So ähnlich schnell schien es mit dem ganzen Leben zu sein. Ein beunruhigender Gedanke.

„Marie, das ist alles eine Frage des Vertrauens", erwiderte meine Mutter.

Ich schaute sie an. „Es wäre also völlig überflüssig zu fragen, ob ich morgen Abend auf eine kleine Feier gehen darf?", fragte ich vorsichtig.

„Ja", antwortete meine Mutter.

„Ich verstehe", sagte ich. Und ich verstand sie wirklich, irgendwie. Aber ich verabscheute sie auch. Sie und meinen Vater, meine beiden Gefängniswärter.

Am Samstagvormittag rief Samir an und Deborah rief ebenfalls an. Beide erkundigten sich noch einmal wegen der Party am Abend.

„Ich kann nicht kommen, wirklich nicht", sagte ich zu beiden und fühlte mich ausgeschlossen und niedergeschlagen.

Malte rief nicht an. Dafür traf ich Leon. Es war im Bioladen, und ich war gerade dabei, den Einkaufszettel zu studieren, als er plötzlich vor mir stand.

„Hallo, Marie", sagte er mit holperiger Stimme. Erschrocken hob ich den Kopf.

„Oh ... hallo ...", stotterte ich.

Schön, dich zu sehen. Was musst du kaufen? Was machst du hinterher? Wollen wir zusammen in die Stadt gehen? Oder ins Kino? Oder mit den Hunden in den Park? Oder einfach ein bisschen quatschen, bei dir oder bei mir?

All das hätte ich früher gesagt. Oder Leon hätte es gesagt. Aber früher war vorbei. Früher gab es nicht mehr. Ich wollte nicht mehr daran denken, daran denken müssen.

„Paula will Mungosprossenkeimlinge – weißt du, wo die sind?", fragte Leon.

„Nein", murmelte ich. Dabei hätte ich sagen können: *Ja, dahinten, in dem Regal neben den getrockneten Früchten.*

Aber ich sagte es nicht. Sollte Leon seine Mungosprossen doch suchen, bis er schwarz würde.

„Was machst du später?“, fragte er in diesem Moment.

Sprachlos starrte ich ihn an. Quälte er mich absichtlich? Oder verstand er einfach gar nichts?

„Ich bin verabredet“, antwortete ich schließlich.

„Oh“, sagte Leon.

„Warum triffst du dich nicht mit Friederike?“, fragte ich mit böser Stimme. Leon schaute mich unsicher an.

War etwa Schluss zwischen den beiden? Ich spürte meinen Herzschlag.

„Ich weiß nicht ...“, begann Leon. „Ich dachte, wir könnten uns trotzdem mal wieder ...“

Ich schüttelte den Kopf wie eine Wahnsinnige. Ich musste mich richtig anstrengen, wieder damit aufzuhören.

„Nein, Leon“, sagte ich. „Nein. Nein. Nein.“

„Ist ja okay“, sagte Leon.

„Nichts ist okay“, sagte ich. „Denn ich bin nicht mehr dein Kumpel, Leon. Nie mehr, verstehst du?“

Und damit drehte ich mich um und ging davon.

Ich fühlte mich wie ein trauriger Sieger.

Das Wochenende war vorbei. Ich war eine brave Tochter gewesen. Ich hatte im Bioladen einen großen Einkauf gemacht. Ich hatte mit meinem Vater zusammen eine Lauchtorte gebacken. Ich hatte Geige geübt und französische und englische Vokabeln. Und für mein Geschichtsreferat gelernt. Ich hatte den Hund gebadet. Ich hatte zweimal die Spülmaschine ausgeräumt. Ich hatte keine laute Musik gehört. Ich hatte mit meinen Eltern über Verantwortungsgefühl und Vertrauen gesprochen. Ich hatte sie zu einer Vernissage einer Malerin begleitet. Die Künstlerin liebte anscheinend Blau, denn alle Bilder waren in der Farbe gemalt. Ich bekam ein halbes

Glas Sekt, wohl zur Belohnung. Es hätte mich nicht gewundert, wenn es ebenfalls blau gewesen wäre.

Ich war ergeben und untertänig.

Und so gaben sie mir meine Freiheit wieder.

Am Montagmorgen stand ich vor der großen Tafel.

„Dann leg mal los, Marie", sagte unser Klassenlehrer und lächelte mir zu. „Das Warschauer Ghetto war dein Thema. – Was kannst du uns darüber erzählen?"

„Ich ...", sagte ich.

„Also ...", sagte ich.

„Ähm ...", sagte ich.

„Ja?", fragte Herr Winter und schaute mich an.

In meinem Kopf war es leer. So leer, dass ich das *Ja?* meines Klassenlehrers immer wieder als Echo hörte. Es war, als schlingere dieses *Ja?* immer wieder kreuz und quer durch mein Gehirn. *Jaaa? Jaaaaa? Jaaaaaa?*

Dabei hatte ich zu Hause doch alles aufgeschrieben.

„Im September 1939 –", begann ich, aber weiter fiel mir nichts ein. Mein Kopf war so voll von anderen Sachen.

Leon saß neben Friederike.

Murat hatte zu Franka gesagt, Malte und ich hätten irgendetwas eingenommen.

Samir und diese kleine grüne Pille.

Meine glücklichen Gefühle in der Partynacht.

Die Küsse von Malte.

Meine Eltern, die mir immer fremder wurden.

„Es tut mir leid", sagte ich leise. „Kann ich vielleicht nächste Woche ...?"

„In Ordnung", sagte Herr Winter.

Ich nickte erleichtert, ging an meinen Platz zurück und setzte mich neben Franka.

„Schade, dass du nicht gekommen bist", sagte Deborah in der Pause. „Malte war richtig down deswegen."

Ich bekam Herzklopfen, als ich das hörte. Deborah zog mich mit sich.

„Ich komme gleich", rief ich Franka und Jasmin zu und lief mit Deborah zum Oberstufengebäude. Es war ein merkwürdiges Gefühl, dorthin zu gehen. Vorher hatte ich mit den Älteren nie näher zu tun gehabt, höchstens bei den Schulorchesterproben, aber das waren sehr oberflächliche Kontakte gewesen. Man hatte sich bloß mal einen Notenständer oder einen Satz Noten geteilt, mehr nicht.

Wir liefen um das Gebäude herum und wanderten zum Gartenbaugebäude. Dahinter lagen die Kartoffel- und Weizenfelder, die die Unterstufenschüler hier regelmäßig anlegten. Früher, in der dritten Klasse, war hier auch unser Kartoffelacker gewesen. Ich konnte mich noch genau daran erinnern. Eine lustige Zeit war das gewesen.

Hinter den kleinen Minifeldern trafen wir die anderen. Benjamin, Amai, zwei ihrer Freundinnen, Jakob, Kristina, Murat, Samir und Lilli. – Und Malte.

Wieder machte ein Joint die Runde.

„Irgendein Lehrer in Sicht?", fragte Samir zwischendurch ein paarmal vorsorglich.

Ich setzte mich neben Malte.

„Da bist du ja", sagte er und drückte meine Hand.

„Darf ich dich mal was fragen?", sagte ich leise.

„Klar", sagte Malte.

„Aber alleine", bat ich.

„Auch kein Problem", sagte Malte und wir gingen zum Geräteschuppen.

„Ein Kuss?", bat Malte, aber ich schüttelte den Kopf.

„Schade", sagte Malte.

„Malte, Samir hat mir in dieser Nacht im Wald so eine

kleine Tablette gegeben", sagte ich schnell. „Er sagte, die sei gut, wenn man zu viel getrunken hätte ..."

Ich brach ab.

„Und?", fragte Malte. „Wo ist jetzt deine Frage? Was ist dein Problem, Sweetie?"

„Was könnte das für eine Tablette gewesen sein? Ich habe mich so ... komisch danach gefühlt. Ich meine, ich habe genau darüber nachgedacht. Es war nicht die Kiwibowle, die hatte ich ja schon vorher getrunken. Es war erst nach dieser Pille, dass mir so komisch wurde."

„Komisch?", wiederholte Malte lächelnd.

Ich nickte.

„Warst du nicht eher supergut drauf, Marie?"

Ich schwieg.

„Mensch, mach dir doch keinen Stress – diese kleine Pille hat dir Energie und Kraft gegeben – durch sie hast du es geschafft, ein erstes Tor zu einer anderen Dimension zu öffnen. Du bist dir selbst begegnet, deinem wirklichen Ich. Du warst nicht verkrampft und ängstlich und blockiert, so wie jetzt, sondern du warst frei, richtig frei. Weißt du noch, wie du getanzt hast? Das war die Göttin in dir."

Ich biss mir auf die Lippen, weil ich so erschrak. Murat hatte also recht gehabt: *Ich hatte eine Droge genommen.*

Ich drehte mich auf dem Absatz um und ging wortlos davon.

„Was ist los?", fragte Franka nach der Schule.

„Nichts", sagte ich knapp, ich fühlte mich irgendwie verstört.

Es goss schon wieder in Strömen.

Franka schaute mich an und schüttelte leicht den Kopf. „Langsam mache ich mir Sorgen um dich, echt", sagte sie.

„Das brauchst du nicht", antwortete ich gereizt und stieg

vor ihr in den Bus. Die Fahrt über sprachen wir kein Wort miteinander. Wir standen einfach nur stumm nebeneinander und schauten aus dem Busfenster in den Regen.

Hatten wir jetzt Streit? Ich fühlte mich bleischwer und sehr ratlos.

10

Am Nachmittag ging ich ins Museum.

„Hallo, Bernadette", sagte ich an der Kasse.

„Hallo, Simon", sagte ich, als mir der stellvertretende Museumsleiter bei den Kreidezeitdinosauriern begegnete.

„Hallo, Stegosaurus", sagte ich zu meinem Lieblingsdinosaurier. Aber irgendwie hatte ich an diesem Tag keinen Spaß im Museum.

„Bis zum nächsten Mal, Marie", sagte Bernadette, als ich auf dem Rückweg wieder an ihr vorbeikam.

„Ja, bis bald", sagte ich. Ich wusste ja noch nicht, dass dies mein letzter Besuch für lange Zeit gewesen war.

Ich hatte meinen MP3-Player dabei. Nachdem ich das Museum hinter mir gelassen hatte, lief ich lustlos in die Stadt. Die Musik aus meinen Ohrhörern war so laut, dass die Leute sich nach mir umsahen. Ich störte mich nicht daran. Ich dachte an die Pille, die Samir mir gegeben hatte. Konnte es wirklich sein, dass ich nur aufgrund dieser Pille so glücklich mit Malte gewesen war? Das war doch etwas in *mir* gewesen.

Erst als ich davor stand, begriff ich, wo ich war. Ich war zu dem Café Wahnsinn gelaufen, einem kleinen kunterbunten Café in der Altstadt. Franka war schon ein paarmal hier gewesen, mit den Leuten aus der Theater-AG, sie hatte es mir erzählt.

Weil ich Hunger hatte und außerdem zur Toilette musste, zog ich die Tür auf und ging hinein. Laute Musik kam mir entgegen und eine Menge Zigarettenqualm. Ich schaltete meinen MP3-Player aus und ließ ihn in meinen Rucksack plumpsen. Dann ging ich zur Toilette und bestellte mir anschließend eine Cola.

„Heyho, Marie", sagte da eine bekannte Stimme und Lilli lächelte mich an. Ohne lange zu zögern, setzte sie sich zu mir. Früher, in den ersten Schuljahren, hatte Lilli immer in weichen, weiten Kinderkleidchen gesteckt. Ihre Mutter war Kindergärtnerin im Waldorfkindergarten unserer Stadt. Die Lilli von heute sah anders aus. Sie trug ein enges rotes Spaghettiträger-Top, das über ihrem Bauchnabel endete, und eine verwaschene Jeans mit weitem Schlag. Ihre Füße steckten in hohen silbernen Plateauschuhen.

Nach und nach kamen wir ins Gespräch.

„Meine Mutter geht mir auch auf die Nerven", sagte Lilli achselzuckend. „Ich glaube, das ist ganz normal so. Stell dir vor, es wäre anders, und du würdest nichts lieber tun, als von früh bis spät mit deiner Mutter durch die Gegend zu ziehen. Ein grässlicher Gedanke, oder? – Aber meine Mutter und ich haben so eine Art Pakt geschlossen: Wenn ich nur oft genug auf dem öden Klavier herumklimpere, nicht fluche, sonntags mit ihr und meinen Großeltern in den Gottesdienst gehe und die Schule nicht vernachlässige, dann ist sie zufrieden und dreht nicht durch, wenn ich laut Musik höre und am Wochenende was unternehme und zwischendurch mit Samir unterwegs bin. Aber ich soll natürlich verfrühten Sex vermeiden und keine Drogen konsumieren und alles geben, um ein gutes Abi zu machen ..."

Lilli lachte und nippte an ihrem Tee, den sie sich an meinen Tisch geholt hatte.

Und da beschloss ich, mit Lilli über die Pille zu sprechen, die Samir mir gegeben hatte.

„Eine E-Pille?“, sagte Lilli, als ich zu Ende erzählt hatte, und nickte. „Und, wie hast du dich gefühlt? Toll, oder?“

Ich schaute sie unsicher an. „E-Pillen sind doch Ecstasy, oder?“, fragte ich nervös.

Lilli nickte. „Ja, aber die sind superharmlos und absolut okay, ehrlich.“

Sie griff nach ihrem Rucksack und holte ihr Portemonnaie heraus.

„Hier“, sagte sie und kramte aus einem kleinen Reißverschlussfach zwei kleine weiße Pillen. Eine davon drückte sie mir verstohlen in die Hand.

„Los, probier es doch einfach noch einmal aus“, sagte sie und lächelte mir aufmunternd zu. Die zweite Pille nahm sie selbst in den Mund und schluckte sie hinunter. Sie schien schon Übung darin zu haben.

„Echt, Marie, die sind harmlos“, sagte sie. „Du wirst sehen, du fühlst dich super damit.“

„Ja, weil es eine Droge ist. So wie Heroin. Da fühlen die Leute sich auch erst mal gut und dann gehen sie Stück für Stück kaputt ...“, sagte ich nervös.

Lilli lachte und schlürfte den letzten Teerest aus ihrer Tasse. „So ein kompletter Blödsinn“, sagte sie. „Heroin macht dich abhängig und zerstört so ungefähr alles in dir. Da kannst du gleich Rattengift essen. – Aber E-Pillen kannst du werfen, sooft du Bock drauf hast. Sie machen dich nicht abhängig, sie machen dich nicht krank – sie sind im Grunde wie Vitamintabletten. Sie tun dir gut!“

„Bist du sicher?“, fragte ich.

„Ja“, sagte Lilli.

Ich betrachtete die kleine runde Tablette. Auf der Umhüllung war ein kugeliges Herz eingeprägt.

„Try it, Baby“, sagte Lilli, „trust me and feel free ...“

Sie lachte und warf die Haare zurück.

Und da tat ich es. Ich nahm die kleine Pille vorsichtig in den Mund – sie war so leicht, dass ich sie auf der Zunge praktisch nicht spürte – und spülte sie mit einem Schluck Cola hinunter.

Anschließend saß ich da und fühlte mich eigenartig. Ich lauschte in mich hinein, während Lilli drauflosredete, als wäre gar nichts Besonderes geschehen.

Sie redete über Samir und über ihr eigenes, anstehendes Geschichtsreferat, über einen Rave, auf den sie nächste Woche fahren wollte, und über ihren Großvater, der Opernsänger war und manchmal für sie den Papageno aus der *Zauberflöte* sang, weil Lilli das so gerne hörte.

„An meiner Oma war eigentlich gar nichts Besonderes“, sagte ich. „Ich habe sie eben einfach nur sehr geliebt, mehr als meine Eltern, glaube ich. Und jetzt ist sie tot! Sei froh, dass dein Opa noch lebt ...“

„Wollen wir Blumen für deine Oma kaufen und sie auf ihr Grab legen?“, fragte Lilli plötzlich.

Ich konnte es kaum glauben! Das wollte Lilli tun? Für meine Oma, die sie gar nicht gekannt hatte? Franka hatte nie so einen Vorschlag gemacht.

Ich nickte und wir bezahlten schnell unsere Rechnung.

„Ich habe noch etwas mehr als fünf Euro dabei“, sagte Lilli. „Wie viel hast du?“

Ich hatte bloß noch drei Euro in meinem Portemonnaie.

„Acht Euro also“, sagte Lilli. „Dafür kriegen wir bestimmt schon ein paar schöne Blumen.“

„Du bist wirklich lieb, Lilli“, sagte ich. Hand in Hand machten wir uns auf den Weg. Und ich spürte, dass Lilli meine Freundin werden würde. Franka war plötzlich zweitrangig.

Die Frau im Friedhofsblumenladen war nett. Sie ließ uns lange aussuchen und wir mischten einen kunterbunten Strauß aus vielen verschiedenen Blumen zusammen. Bestimmt hätte sie den Strauß viel teurer verkaufen können, aber sie war mit unseren acht Euro zufrieden.

Wir bedankten uns und verließen den Laden. – Und da war es wieder, dieses wahnsinnige Gefühl. Ganz allmählich hatte es sich in mir ausgebreitet. Schon im Café hatte es angefangen, aber es wurde immer schöner, immer unglaublicher, immer umfangreicher. Alles sah auf einmal so klar und strahlend und dabei so weich aus und ich fühlte mich leicht und entspannt. Aller Ärger und alle Sorgen fielen von mir ab.

Vergnügt rannten Lilli und ich den breiten Friedhofshauptweg entlang. Dann ging es nach links und wieder ein gutes Stück geradeaus.

Zum Schluss musste man in einen schmalen, heckengesäumten Weg einbiegen, der mich immer ein bisschen an den Eingang zu einem Labyrinth erinnerte, und dann war man da.

„Hier ist es", sagte ich leise und blieb stehen. Lilli nickte und drückte meine Hand. Dann legten wir unseren Blumenstrauß ab. Er sah wunderschön bunt aus. „Schade, dass sie ihn nicht wirklich sehen kann."

„Aber das kann sie bestimmt", sagte Lilli mit Nachdruck in der Stimme.

„Meinst du?"

„Klar." Lilli lächelte mir zu. „Sie ist da, als Kraft ist sie bei dir und beschützt dich."

Das war ein guter Gedanke. Wir setzten uns vor das Grab meiner Oma, dicht nebeneinander.

„Wir wollen immer Freundinnen bleiben, okay?", sagte Lilli.

Ich nickte glücklich.

„Manchmal braucht man sich mehr und manchmal braucht man sich weniger, das ist normal. Aber wenn eine von uns mal richtig runter ist, kann sie immer auf die andere zählen, ja?", fuhr Lilli fort.

Ich nickte wieder und Lilli schob ihre Hand in meine Hand. Es war ein stummes, schönes, beruhigendes Versprechen.

„Und, hast du noch Angst vor E-Pillen?", fragte Lilli irgendwann.

Ich schüttelte den Kopf.

„Na, siehst du", sagte Lilli zufrieden und lehnte ihren Kopf gegen meine Schulter.

Hinterher gingen wir zu Lilli.

„Darf ich hier schlafen?", fragte ich meine Mutter am Telefon. Ich durfte.

„Danke", sagte ich froh und legte den Hörer auf.

Ich war schon lange nicht mehr bei Lilli gewesen. Ihr Zimmer war klein und vollgestopft, so vollgestopft, dass man darin kaum einen Schritt machen konnte. Überall lag und stand und hing Krimskram herum. Getrocknete Rosen, trockenes Schleierkraut, Kerzen in allen Formen und Farben, winzige alte Fotografien, selbst gemalte, abstrakte Bilder, Pflanzen, ein Sammelsurium von alten Spiegeln.

„Schön hast du es", sagte ich und atmete tief ein.

„Meine Mutter hasst dieses Chaos natürlich", erklärte Lilli und setzte sich auf ihr Bett. „Aber es ist Teil unseres Paktes, dass ich die alleinige Herrin über dieses Zimmer bin, wenn ich dafür zweimal in der Woche mit meinen beiden kleinen Halbschwestern auf den Spielplatz gehe und dort mindestens anderthalb Stunden klaglos ausharre." Lilli lächelte mir zu. „Ist eben alles Diplomatie, das ganze Leben."

Ich nickte.

Wir verbrachten den Abend in Lillis Zimmer und saßen am Fenster, wo Lilli heimlich rauchte. Es war wieder wärmer als an den vergangenen Tagen, aber nicht mehr heiß. Wir hörten alte Lieder von Janis Joplin, während der Abend still dahinging.

„Ich liebe ihre Musik", sagte Lilli gedankenverloren. „Ich fühle mich ihr so verbunden, dass es schon fast unheimlich ist. – Wusstest du, dass sie mit siebenundzwanzig Jahren gestorben ist?"

Ich schüttelte den Kopf.

„Ich würde gerne mal an ihrem Grab sein", überlegte Lilli und zog an ihrer Zigarette. „Ich würde eine Sonnenblume darauf pflanzen – oder viele Sonnenblumen! Ein Meer aus Sonnenblumen ..."

„Wo ist denn ihr Grab?", fragte ich.

„Keine Ahnung. Bestimmt irgendwo in Amerika", vermutete Lilli.

„Irgendwann fahren wir hin", sagte ich entschlossen und lieh mir Lillis Zigarette für einen Zug.

„Nach der zehnten Klasse, nächstes Jahr?"

Ich nickte und gab Lilli die Zigarette zurück.

„Zuerst fahren wir nach Berlin", überlegte Lilli. „Für ein paar abgefahrene Tage. – Und dann nach Amsterdam. Da wollte ich immer schon mal hin. Samir sagt, Amsterdam ist die schönste Stadt der Welt."

„Dann nach Kopenhagen, da war ich mal mit Leon und seiner Mutter", fuhr ich fort, und mir fiel auf, dass der Gedanke an Leon mir nicht mehr wehtat.

Leon. Leon. Leon.

Ich atmete auf. Leon war endgültig Vergangenheit.

„Von da aus nach Stockholm und Helsinki und Moskau", sagte Lilli. „Moskau ist bestimmt auch geil!"

„Und dann?“, überlegte ich und versuchte, die Welt in meinem Kopf zu sortieren.

„Athen!“, sagte Lilli und drückte ihre Zigarette aus.

„Genau, da bleiben wir auch eine Weile“, sagte ich zufrieden. „Und dann Istanbul und Bagdad und Teheran und Pakistan!“

„Da müssen wir allerdings verschleiert gehen“, warf Lilli kichernd ein.

„Und dann nach Indien und Saudi-Arabien und Ägypten.“ Ich schloss meine Augen. „Dann haben wir schon fast die ganze Welt gesehen, stell dir mal vor!“

„Ja, und dann weiter durch Afrika. Mali, Mauretanien, Senegal ... Da muss es auch geil sein.“

„Und vergiss nicht Brasilien und Venezuela und Mexiko“, sagte ich.

„Und dann sind wir schon in Amerika, wow!“, rief Lilli. „Dort werde ich Janis an ihrem Grab besuchen und ihr die eigenen Songs vorsingen. Das würde ihr bestimmt gefallen!“

In diesem Moment klopfte es an die Tür.

„Ihr seid ja noch gar nicht im Bett“, sagte Lillis Mutter ärgerlich.

„Sorry“, sagte Lilli und lächelte. „Verdammtes Kontrollsystem ...“, flüsterte sie mir zu und verdrehte die Augen.

„Habt ihr etwa geraucht?“, fuhr Lillis Mutter misstrauisch fort und schnupperte.

„Nein“, sagte Lilli und lächelte weiter.

„Jetzt aber schnell“, sagte Lillis Mutter. „Ab ins Bett!“

„Okay“, sagte Lilli mit einem letzten diplomatischen Lächeln. Dann quetschten wir uns nebeneinander in Lillis schmales Bett und wenigstens ich schlief sofort ein.

Janis Joplin sang mich in den Schlaf.

11

Friederike war nicht mehr nur Klassensprecherin. Sie ging jetzt auch in die Theater-AG. Zusammen mit Franka. Natürlich hätte ich auch in die Theater-AG gehen können, jederzeit, aber ich traute mich nicht. Letztes Jahr, bei unserem Achtklass-Stück, hatte ich mitspielen müssen, alle mussten beim Achtklass-Stück eine Rolle übernehmen, aber die Aufregung vor der Vorstellung war fast zu viel für mich gewesen.

Und die Theater-AG probte jedes Halbjahr ein Stück!

Franka und ich waren nun doch nicht zerstritten, aber trotzdem stimmte etwas nicht zwischen uns. Wir saßen noch nebeneinander, doch die Pausen verbrachte ich jetzt mit Lilli. Und Franka verbrachte die Pausen mit Jasmin und Friederike und manchmal stand sogar Leon bei ihnen.

Der Herbst kam und die Tage wurden grau. Der Himmel war bedeckt und graue Wolken glitten über ihn hinweg. In mir drin war es auch grau. Ich fühlte mich schwerfällig und traurig und trostlos.

Die Zehntklässler waren für zwei Wochen in die Bretagne gefahren. Malte hatte mich nicht angerufen, um sich von mir zu verabschieden.

Warum hatte er das nicht getan?

Ich hätte gerne mit Lilli darüber gesprochen, aber dann tat ich es doch nicht. Leon verbrachte die Pausen jetzt fast immer alleine mit Friederike. Manchmal beobachtete ich die beiden aus der Ferne. Sie schienen immer noch kein Paar zu sein. Sie liefen einfach nur nebeneinanderher und redeten miteinander. Friederikes rote Haare wehten im Wind, der wirbelig über den Schulhof fegte. Schön sah das aus, wirklich schön. Leon musste sich doch danach sehnen, Friederike zu berühren. Warum tat er es nicht? Wollte er mich vielleicht schonen? Berührte er sie am Nachmittag, wenn ich es nicht sehen konnte? Paula kam jetzt immer alleine zu uns. Ein paarmal hatte sie versucht, mich anzusprechen, aber ich hatte das Gespräch jedes Mal so schnell wie möglich abgeblockt.

Und dann passierte in der Schule die Sache mit der „Liste". Sie entstand aus einer Laune der Jungen heraus, aber sie verletzte mich tief.

Angefangen hatte die Geschichte anscheinend an einem Abend, an dem sich ein paar von den Jungen zum Videogucken getroffen hatten. Am nächsten Morgen brachten sie ein Blatt Papier mit in die Schule.

Und in der großen Pause begann das Spektakel.

„Okay, Friederike ist ganz klar auf Platz 1", sagte Erik und schrieb etwas auf das Blatt. „In allen Punkten."

Die Jungen warfen sich vielsagende Blicke zu und lachten leise.

„Was machen die denn?", fragte Jasmin.

Franka zuckte gelangweilt mit den Achseln. „Irgendeinen Blödsinn vermutlich. So wie immer."

„Und dann kommt Kristina", sagte Björn, Eriks Sitznachbar.

„Quatsch, auf Platz 2 ist Franka", rief Sören, der erst seit zwei Jahren in unserer Klasse ist.

„Okay, okay, Franka auf Platz 2", sagte Erik und schrieb wieder etwas auf. „Und Kristina dann auf Platz 3."

„Die spinnen", sagte Franka. „So ein Schwachsinn!"

„Das ist kein Schwachsinn, Süße", verbesserte sie Björn streng und machte eine geheimnisvolle Miene. „Das wird die *Top-oder-Flop-Liste* aller Mädchen unserer Klasse! – Wir wählen sozusagen *The most sexiest girl in class, that's it!"*

„Ihr spinnt ja komplett!" Franka tippte Björn mit ihrem Zeigefinger gegen die Stirn.

Irgendwann in der dritten Stunde machte Eriks gekritzelte Liste dann die Runde durch die Klasse. Eingerahmt von ein paar kleinen obszönen Strichzeichnungen von Mädchen mit großen, spitzen Zuckerhutbusen standen dort unsere sämtlichen Namen:

Ganz oben stand Friederike. Dann folgten Franka und Kristina und Lilli. Und unter Lilli stand Jasmin.

Natürlich war es Unsinn, trotzdem suchte ich meinen Namen, wie alle anderen.

Und mein Name war der drittletzte der Liste!

Benommen saß ich da und rang um Fassung. Ich spürte, wie mein Gesicht heiß wurde und wie sich mein Magen vor Entsetzen zusammenzog. Trotzdem reichte ich die Liste mit kalten Händen an Franka weiter. Was blieb mir anderes übrig? Sollte ausgerechnet ich sie zerreißen oder zerknüllen? Das konnten Friederike oder Franka oder Kristina tun, aber wenn ich es jetzt tat, würde ich mich noch viel lächerlicher machen, als ich mich schon fühlte.

Dann würde doch jeder sofort sehen, wie gekränkt ich war. Von diesem Blödsinn. Von diesem maßlosen, fiesen Blödsinn.

„Ihr seid ja übergeschnappt." Franka knüllte die Liste zusammen und brachte sie in den Mülleimer.

„Was ist denn los?", erkundigte sich unsere Französischlehrerin.

„Nichts weiter", sagte Franka und ging zurück zu ihrem Platz. Ich schaute sie für den Rest der Stunde nicht mehr an, niemanden schaute ich mehr an. Ich schaute einfach auf meinen Tisch und hasste das Leben.

Zu Hause schloss ich mich in meinem Zimmer ein. Mein Vater war in der Schule und meine Mutter kaufte mit Paula ein. Ich schaltete meine Anlage ein und hüllte mein Zimmer in laute wilde Musik. Dann warf ich mich auf mein

Bett und weinte. Früher war doch alles in Ordnung gewesen mit mir, bis vor Kurzem. Ich war beliebt, ich wurde zu Feiern eingeladen, ich gehörte dazu.

Was war nur geschehen seitdem?

Irgendwann hielt ich es nicht mehr aus, ich sprang auf, stürmte ins Bad und riss mir die Kleider vom Leib. Meine Augen waren rot geweint und auch meine Nase war rot. Ich betrachtete widerwillig meinen nackten Körper. Mein Busen war zu klein. Franka und Lilli und Kristina hatten alle einen viel größeren Busen. Außerdem war ich zu dünn, meine Rippenbögen zeichneten sich zu beiden Seiten meines Brustkorbes deutlich ab.

Wenigstens mein Bauch war flach und meine Beine waren lang. Aber meine Knie waren nicht so schön und meine Hüften waren zu schmal, um einen weiblichen Kontrast zu meiner Taille darzustellen.

Mit wütend zusammengekniffenen Augen schaute ich mich an. Meine hell gefärbten Haare waren das einzig Auffällige an mir. Ansonsten war ich farblos, farblos und nichtssagend. Auf der Stirn hatte ich sogar ein paar kleine entzündete Pickel.

Plötzlich hasste ich mich von Kopf bis Fuß. Kein Wunder, dass Malte sich nicht mehr bei mir gemeldet hatte. Was sollte er mit einem Mädchen wie mir?

Langsam, sehr langsam zog ich mich wieder an. Nicht einmal weinen konnte ich mehr, sogar dazu fühlte ich mich zu kraftlos.

„Ich hasse sie alle“, sagte ich zu Lilli am Tag darauf. Ausgerechnet heute sollte ich mein Geschichtsreferat halten. Schon bei dem Gedanken daran, mit meinem Heft in der Hand nach vorne zu gehen und mich für den Rest der Stunde vor die ganze Klasse zu stellen, wurde mir schlecht.

„Wegen dieser Liste von gestern?", fragte Lilli mit hochgezogenen Augenbrauen.

Ich schwieg.

„Die Liste war doch nur ein schwachsinniger Spaß", sagte Lilli. „Das musst du nicht so eng sehen, Marie."

Heute schien wieder die Sonne, aber keine heiße Augustsonne, sondern eine lauwarme Septembersonne, die den Sommer verabschiedete.

„Na, hast du dich diesmal besser vorbereitet?", fragte mich Herr Winter ein paar Augenblicke später. Er ging zusammen mit unserer Französischlehrerin über den Hof. „Du bist heute dran, das weißt du doch?"

Ich nickte.

„Ich bin schon gespannt. Ist ja kein ganz leichtes Thema gewesen."

Er lächelte mir zu und lief weiter. Ich schaute ihm hinterher und fand ihn widerlich. Wie selbstgerecht er mit mir redete. Er hatte ja keine Ahnung davon, wie schrecklich es für mich war, mich ganz alleine vor die Klasse zu stellen, wo mich jeder von Kopf bis Fuß sehen konnte. Ich musste immerzu an die Liste von gestern denken, die Björn die „Top-oder-Flop-Liste" genannt hatte. *Ich war ein Flop! Ich stand ganz unten. Ich war ganz unten!*

„Lilli, ich kann es nicht, wirklich nicht", sagte ich und meine Stimme klang kläglich.

„Blödsinn", antwortete Lilli. „Klar kannst du, Marie."

Ich schüttelte den Kopf.

„Willst du vielleicht eine Happinesspille?", fragte Lilli plötzlich. „Zum Mutmachen, sozusagen. Ich habe eine dabei."

Ich zögerte, aber dann schüttelte ich schnell den Kopf.

„Warum nicht?", fragte Lilli, als ob es eine ganz alltägliche Sache wäre, über die wir da sprachen.

„Ich weiß nicht ...“, murmelte ich.

Lilli schaute auf ihre Armbanduhr. „Noch zehn Minuten bis zum Klingeln“, sagte sie, als hätte ich sie danach gefragt. „Du kannst diesen Geschichtskram doch eigentlich“, fuhr sie fort und drückte meine kalte Hand. „Bei dir ist es ja bloß eine Blockade im Kopf. Und die kannst du loswerden. Weißt du noch, wie du getanzt hast auf Bennis Party? Und dabei warst du überzeugt davon, nicht tanzen zu können.“

Ich hob den Kopf.

Lilli sah mich abwartend an. Nein, lieber nicht, dachte ich.

„Okay, vielleicht hast du recht“, sagte ich.

Auf der Mädchentoilette schluckte ich die kleine Ecstasypille, die Lilli mir in die Hand legte. Sie war weiß und in ihrer Mitte war ein kleines lachendes Gesicht eingeprägt. Es lachte mir aufmunternd entgegen.

Ich hatte Herzklopfen.

„Wird schon werden“, sagte Lilli.

„Na, dann leg mal los, Marie“, sagte Herr Winter, nachdem er die ersten Minuten des Unterrichts damit zugebracht hatte, schweigend ein paar alte Schwarz-Weiß-Aufnahmen des Warschauer Ghettos an die Wand neben der Tür zu kleben. Er überließ mir den Platz an der Tafel. Ich nickte und ging nach vorne. Lilli lächelte mir aufmunternd zu. Ich lächelte vorsichtig zurück und spürte gleichzeitig, wie Angst und Nervosität aus meinem Körper wichen und stattdessen einem wunderbar leichten, euphorischen Gefühl Platz machten.

„Okay, es war 1939 ...“, begann ich und der Rest floss aus mir heraus wie aus einer sprudelnden Quelle.

In der Klasse war es still, während ich redete. Ich kam fast außer Atem von meinem eigenen Tempo und schaute kein einziges Mal in mein Heft, das ich vorsorglich mit nach vorne genommen hatte. Die Sonne schien zum Fenster herein und ich fühlte mich gut, sehr gut, überwältigend gut. Triumphierend schaute ich zu Leon hinüber. Seine Augen waren auf mich gerichtet. Überhaupt sahen mich alle an und ich schaute zurück und mochte sie alle. Trotz dieser blödsinnigen, lächerlichen Liste, die es gestern gegeben hatte.

„Das war wirklich gut", sagte Herr Winter, als ich fertig war. „Ich bin sehr beeindruckt, Marie."

Er schaute mich an, als sähe er mich heute zum ersten Mal.

Ich lächelte ihm zu und ging zurück zu meinem Platz. Ich fühlte mich wie eine Königin.

Ich war eine Königin. Eine schöne, stolze Königin. Auf dem Schulhof waren die Bäume bunt, so bunt, als hätte sie jemand mit viel Farbe angepinselt, als Festschmuck für den kommenden Herbst.

Plötzlich stand ich vor Leon.

„Marie ...", sagte Leon. Friederike war nirgends zu sehen.

„Was ist?", fragte ich und schaute kühl in Leons Augen hinein.

Da stand er, der schöne Leon mit den schönen dunklen Augen, den weichen, zerzausten Haaren und dem unmännlichen, sanften Mund.

„Ich weiß nicht", begann Leon. „Du ... du fehlst mir einfach. Können wir uns nicht mal wieder sehen, so wie früher? Reden, mit den Hunden in den Wald gehen, eine Spezi zusammen trinken, was weiß ich ..."

„Nein", sagte ich fest. „Nein, Leon."

„Warum nicht, Marie?"

Ich atmete tief durch. „Weil es vorbei ist", sagte ich dann. „Du selbst hast es beendet, als du dich in Friederike verliebt hast und ..."

„Marie, ich ...", unterbrach mich Leon und packte mich am Arm.

Ich lächelte ihm zu. „Doch, so war es", sagte ich und war so stolz auf mich, dass ich den Mut hatte, es auszusprechen. „Und dabei hatte ich mich gerade erst in dich verliebt und es hat mich so verletzt, verstehst du?"

Leon schwieg.

„Und du hattest nicht mal den Mut, es mir zu sagen", fuhr ich fort und zwang Leon mit meinen Augen, mich anzuschauen. „Du bist mir einfach aus dem Weg gegangen und hast gedacht, dass ich es irgendwann ganz ohne Worte begreifen würde. So war es doch, habe ich recht?"

Leon rührte sich nicht und gab mir auch keine Antwort. Plötzlich tat er mir leid. So leid, dass ich mich für einen Moment an ihn lehnte.

„Und darum können wir jetzt nicht mal mehr ganz normale Freunde sein, Leon", sagte ich leise. „Außerdem habe ich mich in Malte aus der Zehnten verliebt."

Damit drehte ich mich um und ging zu Lilli, die am großen Schultor auf mich wartete. Zusammen mit den anderen.

„Alles klar, Marie?", fragte mich Murat mit einem merkwürdigen Blick.

„Klar", sagte ich und lachte.

„Eigentlich habe ich gar keine Lust, nach Hause zu gehen", sagte ich zu Lilli auf dem Weg zur Bushaltestelle. „Ich will was Tolles machen, was erleben!"

„Was denn?", fragte Lilli.

„Raus aus der Stadt vielleicht", schlug ich vor. „In den Wald. Wir könnten ja zur hohen Warte laufen, die Stadt von oben sehen ..."

„Okay", sagte Lilli. Und dann riefen wir mit Lillis Handy erst meine Mutter und dann ihre Mutter an.

„Wir üben bei Lilli zu Hause für die Matheklausur morgen", sagte ich zu meiner Mutter.

„Wir üben bei Marie zu Hause für die Matheklausur morgen", sagte Lilli zu ihrer Mutter.

Und dann machten wir uns auf den Weg. Samir kam mit uns und auch Kristina und Jakob schlossen sich uns an.

Zweimal mussten wir umsteigen und dann einen langen Weg in den Wald hineinlaufen. Aber das war nur schön. Lilli und ich liefen Hand in Hand und Samir und Lilli liefen auch Hand in Hand. Wir waren eine Dreierkette, und als Kristina mir ihre Hand auch noch gab und Jakob die andere, waren wir eine Fünferkette. Wir sangen *99 Luftballons* und es war lustig. Fast alle Spaziergänger lächelten uns zu.

„Es ist so schön, dass ich platzen könnte", rief ich Lilli zu. Lilli lachte und drückte im Laufen meine Hand.

Irgendwann waren wir über der Stadt und kamen zum alten Turm, von dem aus man weit über die Stadt schauen konnte. Wir liefen hintereinander die Stufen hoch und oben lehnte ich mich an die Brüstung und schaute hinunter, hinunter, hinunter. Wie schön die Stadt aussah. Klein und friedlich und fern. Man roch die stickige Innenstadtluft nicht, man hörte den lauten Verkehr nicht, man spürte die brodelnde Hektik nicht.

Kristina drehte einen Joint und nahm den ersten langen Zug. Sie blies einen perfekten Rauchring, der eine Weile fast bewegungslos zwischen uns in der Luft stand und dann schlingerig davongetragen wurde. Ich schaute ihm hinterher. In diesem Moment reichte Kristina die Haschzigarette an mich weiter. Ich nahm ebenfalls einen Zug und dann noch einen, einfach weil es schön war, dass ich nicht mehr husten musste, und weil das Kiffen so eine entspannende Wirkung auf mich hatte, gerade, wenn ich mich so energiegeladen und hellwach und aufgedreht fühlte wie jetzt. Dann gab ich den Joint Samir und schaute wieder über die Stadt.

In ihr war ich geboren worden, in ihr hatte ich mein ganzes bisheriges Leben verbracht. Irgendwo dort hinten war das Haus, in dem ich wohnte, und irgendwo in der entgegengesetzten Richtung wohnte Leon. Ich schaute hin und her. Dort war die Innenstadt, dort der Fernsehturm, dort mein Museum und dort das hässliche, geduckte Gewerbegebiet mit seinen grauen, trostlosen Bauten. Plötzlich hatte ich Fernweh. Ich wollte weg von hier, am liebsten sofort, und etwas erleben! Etwas vollbringen, mich behaupten, zeigen, wie sehr ich mein Leben schon im Griff hatte, wenn ich es wollte.

„Ich würde alles tun, wirklich alles, wenn ich schon heute von hier wegkönnte", sagte ich gedankenverloren zu den anderen.

„Alles?", fragte Samir und zog eine Augenbraue hoch.

Ich nickte.

„Würdest du auch mit einem Fremden mitgehen, wenn er dich einladen würde, mit ihm um die Welt zu reisen?"

Samir schaute mich erwartungsvoll an.

Ich nickte wieder.

„So was kann aber richtig mies ausgehen", sagte Kristina. „Es könnte ein Perverser sein, der dich mitten in Los Angeles plötzlich killen will, in einer dunklen Hofeinfahrt in der Nähe des Sunset Boulevard ..."

Ich musste lachen, warum auch immer. „Lieber mitten in Los Angeles gekillt werden, solange man richtig jung ist und das Leben in einem pulst, als in einer öden, spießigen Kleinstadt steinalt werden", sagte ich und schaute in die Runde. „Oder hat jemand von euch Lust, sich am Stock langsam durch den Park zu quälen, Schritt für Schritt,

Rheuma zu haben, sich im Bus mühsam an der Haltestange festklammern zu müssen, morgens Creme in sein faltiges Gesicht zu reiben und abends Hühneraugenpflaster auf seine runzeligen Fußzehen zu kleben?"

Dazu hatte natürlich keiner Lust. Es war im Gegenteil ein schrecklicher, beunruhigender Gedanke, den wir schnell wieder aus unserem Gespräch verbannten.

„Auf andere Sachen habe ich Lust, riesige Lust", sagte ich und wunderte mich, wie viel ich redete, aber ich wollte mich einfach den anderen mitteilen, mit tausend, mit Millionen Worten.

„Lust worauf zum Beispiel?", fragte Samir.

Ich schaute zur Stadt und zu meinen Klassenkameraden und wieder zur Stadt.

„Ich will herumreisen, alle möglichen Länder sehen, immer unterwegs sein, spannende Dinge erleben, die Welt verbessern, viele Menschen kennenlernen, leben, lieben, kämpfen ..."

Wir redeten und redeten und redeten. Für meinen Geschmack wurde es viel zu schnell Abend. Der Himmel über der Stadt verfärbte sich herbstlich, dunstig. Es wurde windig und wir machten uns auf den Heimweg. Als wir die Bushaltestelle erreichten, fielen die ersten dünnen Regentropfen. Ich lehnte meinen Kopf weit nach hinten und genoss den Regen in meinem heißen Gesicht. Ich hatte das Gefühl, in mir ein wildes, prickelndes Feuer zu haben, das mich mit Energie lud, die sich wunderbar anfühlte.

Ich summte im Bus und ich summte den ganzen Heimweg.

Singin' in the rain, sozusagen.

„Na, habt ihr gelernt, du und Lilli?", fragte meine Mutter, die dabei war, einen Salat zu machen.

Ich nickte und betrachtete meine Mutter. Mir kam der

Gedanke, dass ich in der Tiefe ihres Körpers entstanden war, dass sie mich geboren hatte. Ich lächelte ihr zu, erstaunt über dieses Phänomen.

„Du siehst ja so vergnügt aus", sagte die Frau, die mich geboren hatte, und wusch drei Tomaten ab.

Ich lächelte weiter und ging in mein Zimmer. Ich schob eine CD in meinen CD-Player und sah, dass meine Mutter mir meine Post auf den Schreibtisch gelegt hatte. Ganz zuoberst lag eine Einladung des Naturkundemuseums zu einem Vortrag über australische Giftschlangen. Darunter fand ich eine Karte meiner englischen Brieffreundin und ganz zuunterst war eine zweite Postkarte, auf der ein schwarz-weißer, zweigeteilter Kreis abgebildet war, Yin und Yang. Ich drehte die Karte um und bekam Herzklopfen. Die Karte kam aus Frankreich und war von Malte. „So wie Yin und Yang und Sonne und Mond und Licht und Schatten und Tag und Nacht gehören wir zusammen! Ich sehne mich nach deiner Nähe, deiner Energie und deinem Lächeln. Malte", stand darauf.

Ob meine Mutter das gelesen hatte? Ich war mir nicht sicher, ob es mich freuen oder ärgern würde. Ich pinnte die Karte sorgfältig an meine Pinnwand und warf danach einen flüchtigen Blick in den kleinen sternenförmigen Spiegel an meiner Wand, den ich zusammen mit Franka auf einem Trödelmarkt in London gekauft hatte.

Heute sah ich schön aus, schön und strahlend. Nicht farblos und grau wie gestern. Ich hatte anscheinend helle und dunkle Tage. Summend ging ich durch mein Zimmer und musste plötzlich an Lillis Zimmer denken. Lillis Zimmer hatte etwas Besonderes, etwas Einzigartiges. Mein Zimmer dagegen war fad und unspektakulär. Aber das würde ich ändern, jetzt auf der Stelle! Zögernd schaute ich mich um und dann begann ich, meine Kindheit aus meinem Zimmer zu räumen.

Ich konnte überhaupt nicht mehr aufhören mit dem Ausmisten. *Trivial Pursuit, Monopoly*, meine Asterixhefte, meine drei alten Stoffkatzen, die bisher immer auf meinem Bett gelegen hatten, meine Jugendbücher, mein Pettersson-und-Findus-Wandkalender, das alles sollte verschwinden. Ich legte eine CD nach der anderen ein und blieb die ganze Nacht wach, ich merkte es kaum. Irgendwann entdeckte ich eine halb volle Schachtel Zigaretten, die Lilli hier vergessen haben musste, und rauchte sie leer. Ich saß an meinem Fenster, hinter mir die aufgestapelten Reste meines alten Zimmers, und schaute in die friedliche Dunkelheit der Nacht. Es regnete leicht und ich lauschte der Stimme von Janis Joplin, die für mich sang, die Song an Song reihte, in grenzenloser Geduld. Sie schien genauso unermüdlich zu sein wie ich.

Erst als es im Osten langsam heller zu werden begann, begriff ich, dass ich in dieser Nacht nicht eine Sekunde geschlafen hatte.

12

Die Tage jagten sich gegenseitig. Komisch, als Kind war mir ein Jahr, ein Monat, aber auch eine Woche und im Grunde sogar ein Tag wie eine Ewigkeit vorgekommen. Jetzt war das anders. Die Tage rauschten an mir vorbei, dass ich es gar nicht wahrnahm.

Leons alter Dackel starb.

Franka freundete sich mit Friederike an.

Leons Mutter hatte einen neuen Freund. Er war alleinerziehender Vater und brachte zwei kleine Jungen mit in die Beziehung. Sie zogen zu Paula und Leon.

Meine Mutter und mein Vater stritten sich immer öfter.

Aber alle diese Dinge berührten mich kaum. Ich war fast immer mit Lilli zusammen. Oder mit Malte. Oder mit Kristina, Jakob, Murat und Samir.

Samir hatte immer E-Pillen dabei, die er verkaufte. An uns und auch an andere. Auch Jakob verkaufte Pillen. Einmal, abends in der Stadt, hielt uns die Polizei an, aber Samir und Jakob schafften es, die Pillen rechtzeitig unter ein Auto zu werfen, und darum fanden die beiden Streifenpolizisten nichts bei uns.

„Ist eh doof, dass die Bullen eine Hatz auf diese harmlosen Pillen machen", sagte Lilli und verzog das Gesicht. „Okay, bei Heroin kann ich verstehen, dass sie aufpassen müssen und kontrollieren und so – das Zeug geht ja auch echt an die Substanz und kann einen fertigmachen – aber Ecstasy oder ein paar Tickets oder ein bisschen Speed oder Pep, das ist wirklich weit weniger schlimm als Haschisch. Und über Haschisch regt sich doch auch keiner mehr auf. Sogar meine Tante hat früher gekifft – sie hat es mir selbst erzählt."

Die anderen nickten. Nur Murat nicht. „Ich finde alle Drogen blöde", sagte er achselzuckend. „Aber das wisst ihr ja. Spaß haben kann ich ohne so ein Zeug."

„Drogen! – Wie das klingt", sagte Lilli ärgerlich. „Du hörst dich an wie meine Mutter! Für die ist auch alles Droge, was nicht direkt aus dem Bioladen kommt! Die hat ja schon Angst vor einem harmlosen Kopfsalat aus dem Supermarkt! Und nie würde sie eine Tomate aus Holland essen! Die sind ja alle verstrahlt wie Tschernobyl, und wer sie isst, krepiert ganz klar in null Komma Franz Josef an Krebs ..."

Ich schmiss jetzt immer eine Pille, wenn Lilli es auch tat. Und ich liebte das Gefühl, das die Pillen in mir auslösten. Wir reihten einen verrückten Nachmittag an den anderen, sozusagen.

Wir saßen in der Fußgängerzone und sangen kunterbunt durcheinander alle Lieder, die wir seit Jahren in der Schule eingepaukt bekamen. Waldorfschüler haben am Ende ihrer Schulzeit bestimmt tausend Lieder intus. Die Leute standen im Halbkreis um uns herum, und weil wir wirklich schön sangen, kassierten wir jede Menge Geld.

Ein anderes Mal spielten wir, direkt vor Karstadt, aus dem Stegreif Szenen aus *Wilhelm Tell*, aus *Romeo und Julia* und aus *Der zerbrochene Krug*. Wieder gab es Applaus und Kohle.

Einmal waren wir im Hallenbad und übten uns im synchronen Wasserballett. Allerdings lernt man so etwas nicht in der Waldorfschule und darum veranstalteten wir ein ziemliches Chaos im Becken, aber wir hatten unseren Spaß und lachten die ganze Zeit.

An einem verregneten Nachmittag entdeckten wir einen kleinen Waschsalon in der Innenstadt und wir belagerten ihn und schoben uns die Plastikstühle vor die verschiedenen Waschmaschinen und Trocknergeräte und taten mit todernsten Mienen so, als schauten wir fern. Die Leute starrten uns irritiert an, aber das störte uns nicht, im Gegenteil.

Ein anderes Mal taten wir so, als verprügle Samir Kristina, und wollten eine statistische Erhebung darüber machen, ob die Menschen auf der Straße Kristina wohl zu Hilfe eilen würden oder nicht. Die meisten taten es nicht und das bestätigte unsere Vermutung über die Schlechtigkeit der Welt. Um uns wieder aufzuheitern, gingen wir in einen Spielzeugladen und beschlagnahmten die dort ausgestellten Playstation-Spielkonsolen. Wir spielten *Krieg der Sterne* und machten einen Riesenkrach. Trotzdem ließen uns die Verkäuferinnen fast die ganze Zeit in Ruhe. Mich erstaunte das, aber Jakob sagte: „So ist das doch überall. Die Erwachsenen kuschen schon vor Kindergartenkindern. Wenn die sich gegenseitig halb tothauen, machen die Erwachsenen höchstens eine neue Fortbildung zum Thema ‚Warum sind diese lieben Kleinen bloß so unruhig und hyperaktiv?‘ Irgendwas ist in den letzten Jahren absolut schiefgelaufen in dieser Gesellschaft ...“

Kristina nickte. „Und vor Jugendlichen haben Erwachsene direkt Angst. Da rennen sie dann haufenweise zum Yoga oder zur Meditation, um sich von uns zu erholen.“

Ich nickte.

„Ist eben eine komische Welt“, sagte Lilli. „Manchmal habe ich gar keinen Bock, richtig erwachsen zu werden. Dann ist der Spaß echt vorbei und was bleibt, sind Stress und Hektik und Langeweile.“

Ich nickte wieder, und als wir uns endlich dazu bequemten, den Spielzeugladen wieder zu verlassen, sah ich den Verkäuferinnen an, wie erleichtert sie waren.

Wirklich, eine komische Welt.

Wir saßen auch stundenlang im Café Wahnsinn und wir gingen ins Kino und am Wochenende auf Partys.

Die Partys waren der absolute Höhepunkt der Woche.

„Mir gefällt es nicht, dass sie kaum noch zu Hause ist“, sagte mein Vater ein paarmal. Er sprach in der letzten Zeit ziemlich oft in der dritten Person von mir, auch wenn ich mit im Raum war. Dabei machte er ein Gesicht, als lohne es sich einfach nicht, mich persönlich anzusprechen.

„Alle gehen am Wochenende weg“, murmelte ich gereizt.

„Alle ganz sicher nicht“, sagte mein Vater und runzelte seine sowieso schon gerunzelte Stirn. Meine Eltern kamen mir inzwischen schrecklich alt vor. Alt und naiv und langweilig und engstirnig und spießig.

„Dieses Wochenende bleibt sie jedenfalls zu Hause.“

Mein Vater drehte sich zu meiner Mutter um, die gerade dabei war, ihre Harfennoten zu sortieren.

„Nein", sagte ich.

„Doch", sagte mein Vater.

„Mama ...", sagte ich.

Meine Mutter schaute mich an. „Du bist ziemlich blass in der letzten Zeit", sagte sie und schlug sich auf die Seite meines Vaters. „Du schläfst viel zu wenig und isst so unregelmäßig. Ein ruhiges Wochenende wäre sicher gut für dich."

„Ihr tut gerade so, als wäre ich ein kränklicher, gebrechlicher Rentner", sagte ich wütend. Draußen regnete es, die Regentropfen prasselten gemächlich gegen die Fensterscheiben. Ich stand im Türrahmen und der Anblick meiner langweiligen Eltern in unserem langweiligen Wohnzimmer mit den langweiligen Büchern in den langweiligen Bücherregalen und den langweiligen Bildern an den langweiligen Wänden machte mich fast verrückt. Mein Vater saß am Esstisch, den wir vor vielen Jahren auf einem Trödelmarkt in Salzburg erstanden hatten, und lehnte sich in seinem Stuhl zurück. Mein Vater, der mich vor ungefähr tausend Jahren im Brutkasten gestreichelt hatte, als wäre ich etwas wirklich Wunderbares. In der letzten Zeit waren die Blicke, die er mir zuwarf, alles andere als wunderbar.

„Marie, du hast dich sehr verändert", sagte er plötzlich und musterte mich von Kopf bis Fuß. Ich verdrehte die Augen und schwieg. Ich hörte meinen Vater reden, aber ich schaffte es, ihm nicht zuzuhören. Seine Worte drangen kaum bis in meine Ohren und schon gar nicht in meinen Kopf. Ich dachte an Malte und daran, wie er mich am letzten Wochenende gestreichelt hatte, nachdem wir zusammen eine Pille genommen hatten. Zuerst hatten wir getanzt, dann waren wir Hand in Hand im Nieselregen spazieren gegangen und hinterher hatten wir zusammen einen Joint geraucht. Wir schauten uns dabei in die Augen, unsere Gesichter waren sich so nah, dass sich unsere Nasenspitzen fast berührten, und ich spürte Maltes Atem in meinem Gesicht. Schon das fühlte sich fast wie Streicheln an.

„Ich kann mich in deinen Augen spiegeln", sagte Malte einmal. Vorher hatten wir lange geschwiegen. „Du hast schöne, tiefe Augen", fuhr er fort, und dann begann er, mich zu streicheln. „In deine Augen habe ich mich zuerst verliebt." Seine Hände streichelten zuerst meine Oberschenkel, dann meinen Bauch, seine warmen Finger zeichneten die Form meines Bauchnabels nach, dann streichelte er meine Brüste und meinen Hals. Dabei schauten wir uns die ganze Zeit unverwandt an.

„Hörst du mir überhaupt zu?", fragte mein Vater.

„Ja", sagte ich, weil ich mich mit einem Mal so friedlich fühlte. Ich wollte doch keinen Streit mit meinen Eltern.

Ob mein Vater meine Mutter früher auch so gestreichelt hatte? Wahrscheinlich hatte er es getan, aber vorstellen konnte ich es mir nicht. Für mich waren sie einfach nur Eltern, erwachsene Leute, die dauernd Stress hatten und nervös und gereizt waren.

„Na also", sagte mein Vater. „Du bist fast sechzehn, Marie. Es ist wichtig, dass du allmählich die Verantwortung für dich selbst übernimmst. Schritt für Schritt. Und dazu gehört auch deine Gesundheit. Und darum wirst du mal ein ruhiges Wochenende einlegen."

Ich nickte, aber ich wusste, ich würde am Wochenende dennoch weggehen.

Ich wollte mit Malte zusammen sein, mein Körper und meine Seele sehnten sich danach. Ich wollte tanzen, laut sein, das Leben spüren – eine Pille nehmen, die ganze Woche freute ich mich schon darauf.

Mein Vater stand auf. Ich lächelte ihm vage zu und ging dann in mein Zimmer, um meine Ruhe zu haben. Und um das öde, langweilige Wohnzimmer nicht länger ertragen zu müssen.

„Komm doch zu uns ins Wohnzimmer", sagte meine Mutter später und schaute zu meiner Tür herein. „Wir könnten Canasta spielen oder einen Film zusammen schauen, ganz wie du willst. Papa hätte auch Lust auf *Die Siedler von Catan*, das hast du doch früher so gerne gespielt."

„Nein", sagte ich und blieb, wo ich war, auf meinem Fensterbrett. Es war schon fast acht Uhr und die anderen waren mit Sicherheit alle schon unterwegs zu Kristinas Fete, die sie im Jugendraum der Kirche in ihrer Straße feiern würde.

„Sei doch nicht so stur, Marie", sagte meine Mutter.

Ich schaute sie stumm und feindselig und gereizt an.

Plötzlich erinnerte ich mich an ein Foto meiner Mutter, auf dem sie mit langen, offenen Haaren auf einer Wiese sitzt, Arm in Arm mit einer Freundin, auf einer Klassenfahrt in Paris, als sie sechzehn war. Mein Vater hat dieses Bild auf seinem Schreibtisch stehen. Wie jung und lustig und übermütig meine Mutter auf diesem Bild aussah. Wie zerzaust und wirr ihre Haare damals waren. Ihre Jeans war an beiden Knien aufgerissen gewesen, sodass man ihre dünnen, braun gebrannten Knie sehen konnte. Und wie war sie heute? Wie sah sie aus? Was tat sie in ihrer Freizeit? Nichts an ihr war mehr verrückt, lustig, überdreht oder frei. Engstirnig, öde und eng war ihr Leben, wenn man es sich so betrachtete. Wurde jeder Mensch so engstirnig und sterbenslangweilig, wenn er erwachsen war? Dann wollte ich nie erwachsen werden. Ich musste plötzlich an ein Kapitel in meinem ausgemisteten Pippi-Langstrumpf-Buch denken. Pippi Langstrumpf hatte auch nicht erwachsen werden wollen. Und was, hatte sie zu ihren Freunden gesagt, gäbe es, um das Erwachsenwerden zu verhindern? *Krumeluspillen.* Die müsse man schlucken und dann würde man nie alt und schrumpelig und langweilig werden.

„Mama, magst du dein Leben, so wie es ist?", hörte ich mich im nächsten Moment fragen.

„Natürlich", sagte meine Mutter.

Ich konnte es kaum glauben. Wurde man nicht nur alt und runzelig, was schon schlimm genug war, sondern wurde man auch komplett wahnsinnig und vergaß tatsächlich alles, was früher gewesen war?

„Warum fragst du?", erkundigte sich meine Mutter.

Ich schaute sie an. Ihr schmales, ernstes Gesicht, das ein bisschen müde aussah, ihre hochgesteckten Haare, ihre dunkle Bluse und ihren knöchellangen bordeauxroten Hausrock, den sie am liebsten trug, wenn wir alleine zu Hause waren. Ich wollte nie so werden, so viel stand fest.

„Ich glaube, ich gehe ins Bett", sagte ich und rutschte von meinem Fensterbrett.

Aber ich ging nicht ins Bett, stattdessen schlich ich mich eine halbe Stunde später sehr leise und vorsichtig aus dem Haus.

„Da bist du ja", sagte Lilli, als ich kam, und umarmte mich. Der Raum war voller Menschen und Musik. Ich schaute mich um. Irgendjemand hatte alle bunten Glühbirnen der Lichtfluter an den Wänden gegen Schwarzlichtbirnen ausgetauscht. Ich liebte das Licht aus diesen Birnen. Alles Weiße strahlte in dem Licht leuchtend auf. T-Shirts, Zähne, Turnschuhe, Schnürsenkel, Klamotten. Alles sah blendend sauber und gepflegt und wertvoll und prächtig aus.

„Samir hat übrigens tolle Pillen mitgebracht", sagte Lilli und legte übermütig ihren Arm um meine Schulter. „Los, wir kaufen zwei. Eine hab ich schon vorhin geschmissen, aber doppelt ist doppelt toll und hält doppelt lang und macht doppelt glücklich ..."

Ich nickte und dachte wieder an Pippi Langstrumpfs Krumeluspillen. Ja, im Grunde waren die E-Pillen nichts weiter als Krumeluspillen. Wir drängelten uns durch den lauten Raum und fanden Samir auf Anhieb.

„Du hast ja auch Acid und Speed dabei", sagte Lilli und ihre Stimme klang anerkennend.

Samir nickte. „Ja, wollt ihr?", fragte er.

Lilli schaute mich an. „Wollen wir?", fragte sie.

Ich schüttelte den Kopf. „Vielleicht später", sagte Lilli. „Vorerst nehmen wir bloß mal zwei E-Pillen."

„Okay", sagte Samir und zog eine kleine Tüte aus der Hosentasche. Wir bezahlten jeder fünf Euro und Samir gab uns zwei zartrosa Pillen.

„Viel Spaß", sagte er und nickte uns zu.

„Den werden wir haben", sagte Lilli und drückte meine Hand. Wir schmissen die Pillen, tranken jeder ein Glas Sekt und fingen an zu tanzen. Ich schaute mich nach Malte um, aber ich konnte ihn nirgends entdecken. Auch Lilli hatte ihn noch nicht gesehen.

„Weißt du, wo Malte ist?", fragte ich Kristina, die auch tanzte. Ich spürte bereits die Wirkung der Pille und wünschte Malte noch mehr herbei als sonst. Ich wollte mich an ihn kuscheln, sein Lachen hören, in seiner Nähe sein.

„Ja, der ist irgendwo", rief Kristina vergnügt. Sie hatte einen Joint in der Hand und rauchte tanzend. „Aber ich glaube, da ist heute so ein Mädchen bei ihm", fuhr sie plötzlich fort und blieb für einen Moment stehen. Sie runzelte leicht die Stirn und sagte dann lächelnd: „Die beiden haben irgend so ein kosmisches Ding am Laufen. So hat Malte es mir jedenfalls vorhin erklärt ..."

Ein Mädchen bei Malte? *Ein kosmisches Ding am Laufen?*

Ich spürte meinen Herzschlag. Ich wollte bei Malte sein – jetzt, sofort!

„Komm, tanzen wir", sagte Kristina. „Kein Kerl ist es wert, sich wegen ihm den Abend versauen zu lassen. Das darfst du nie vergessen, Marie."

Sie begann wieder zu tanzen. Ich drehte mich um und ging zurück zu Lilli. Lilli tanzte mit Benjamin.

„Was ist los?", fragte sie mich, als sie mich entdeckte. Ich zuckte mit den Achseln, weil ich mich ganz seltsam fühlte.

Eigentlich war mir sterbenselend zumute, aber gleichzeitig ließ mich die Euphorie nicht los. Ich fing an zu tanzen, ganz für mich alleine, und wartete darauf, dass Malte zu mir kommen würde. Doch er kam nicht. Und ich fühlte mich immer schlechter. Am liebsten hätte ich mich in eine Ecke zurückgezogen. Ich musste nachdenken, über Malte und mich. Aber ich konnte mich auf keinen Gedanken richtig konzentrieren, ich konnte nicht begreifen, was mit mir passierte. Langsam verlor ich jedes Zeitgefühl, ich tanzte nur und tanzte und tanzte. Und dann kaufte ich eine zweite Pille. Was hatte Lilli doch gesagt: Eine zweite Pille mache doppelt glücklich?

Die zweite Pille nahm ich mit Amai. Sie war schneeweiß und ganz rund. Ich schaffte es, sie einfach so zu schlucken. Amai machte es genauso. Anschließend ging ich zurück auf die Tanzfläche. Ich tauchte in die Musik hinein und hatte das Gefühl, mit ihr zu verschmelzen. Ich tanzte und tanzte und wünschte mir, nie wieder damit aufhören zu müssen. Kein Alltag mehr, keine Schule, keine Klassenarbeiten, keinen Streit mit meinen Eltern, kein Malte und kein fremdes Mädchen – sondern immer nur in dieser Musik und in dieser Bewegung bleiben. Ich sah eine Menge Gesichter, die mir zulächelten. Ich lächelte zurück und stellte mir vor, sie alle wären meine Familie, wir würden immer so zusammen sein wie heute.

Und dann kam er. Von irgendwoher tauchte Malte plötzlich auf und war da. Und mit ihm ein großes schwarzhaariges Mädchen, das ich noch nie gesehen hatte. Das Mädchen war sogar ein paar Zentimeter größer als er und die beiden gingen Hand in Hand.

Um mich herum wurde es dunkel.

Ich fiel in ein weiches düsteres Nichts, das nirgendwo zu enden schien. Aber ich tat mir nicht weh und ich hatte keine Angst. Ich fiel einfach und fiel und fiel.

Von weit her rief jemand meinen Namen.

Dann war es still und ich schlief ein.

Einmal, als ich die Augen öffnete, sah ich dunklen Nachthimmel.

Einmal Lillis Gesicht.

Und dann das Gesicht meiner Mutter.

Irgendwann fühlte ich, dass ich fror. Und irgendwann fühlte ich, dass ich schwitzte.

13

Und als ich wieder aufwachte, war heller Tag, und ich lag in meinem Bett.

Meine Mutter saß, kerzengerade aufgerichtet, auf meinem Schreibtischstuhl neben mir. Ihr Gesicht sah besorgt aus.

Ich öffnete meine Augen nur einen Spaltbreit, das helle Licht tat mir im Kopf weh und jagte mir eine Welle aus Übelkeit durch meinen müden Körper, der sich wie zerschlagen anfühlte.

„Sie haben dich heute Nacht mit einem Taxi hergebracht",

sagte meine Mutter. „Lilli hat dann bei uns geklingelt und Papa hat dich ins Bett gebracht."

Ich schwieg, die Augen hatte ich längst wieder geschlossen. Ich konnte mich kaum an die vergangene Nacht erinnern. Da war etwas mit Malte gewesen – auf der Feier von Kristina. Was war nur passiert?

„Du hast dich gestern Abend heimlich aus dem Haus geschlichen", fuhr meine Mutter fort und ihre Stimme hatte einen merkwürdigen Klang. Wütend und enttäuscht zur gleichen Zeit.

Ich versuchte wegzuhören, ihr Tonfall deprimierte mich. Außerdem war ich zu müde, um zu streiten. Oder um mich zu rechtfertigen.

„Gestern Abend um kurz vor neun bin ich noch mal zu dir reingekommen – da habe ich gemerkt, dass du weg warst", sagte meine Mutter. „Ich war ziemlich wütend, das kannst du dir ja vorstellen. – Aber ich habe Papa nichts gesagt, um einen Riesenstreit zu verhindern. Ich habe angenommen, du würdest vernünftig genug sein, wenigstens zeitig und leise nach Hause zu kommen."

Ich schwieg und schwieg und schwieg.

„Du bist bewusstlos gewesen, Marie", sagte meine Mutter. „Lilli sagt, du bist beim Tanzen ohnmächtig geworden."

In diesem Moment fiel es mir wieder ein: Malte und das schwarzhaarige Mädchen!

„Ich nehme an, ihr habt Alkohol getrunken", sagte meine Mutter.

Ich schwieg und dachte an die beiden Pillen, die ich geschluckt hatte. Meine Mutter durfte nichts von ihnen erfahren. Sie würden meine Eltern in Panik versetzen. Außerdem konnte es an ihnen nicht gelegen haben. Ich hatte einfach zu viel getanzt, ich war nur vor Erschöpfung umgekippt. Das war alles.

„Was habt ihr getrunken?", fragte meine Mutter.
„Sekt", murmelte ich mit geschlossenen Augen.
„Wie viel Sekt?", forschte meine Mutter.
Ich zuckte mit den Achseln.
„Marie, bitte antworte mir!", sagte meine Mutter.
„Zwei, drei Gläser", fauchte ich und drehte mich zur Wand. „Ist das Verhör damit abgeschlossen? Ich bin hundemüde und möchte schlafen."

Und es war wie ein Wunder: Meine Mutter ließ mich tatsächlich in Ruhe. Ich hörte, wie sie aufstand und aus dem Zimmer ging. Sehr leise und behutsam klappte die Tür hinter ihr ins Schloss.

Und ich lag da und starrte die Tapete neben meinem Bett an. Mein Körper war schwer wie ein Stein vor Erschöpfung, aber mein Kopf war hellwach. In meinen Ohren schien immer noch die Musik der vergangenen Nacht zu dröhnen und tausend Gedanken überfielen mich.

Leon, der mich gegen Friederike eingetauscht hatte.

Malte, der mit einem anderen Mädchen Hand in Hand auf Kristinas Fete aufgetaucht war.

Franka, die jetzt mit Friederike und Jasmin befreundet war.

Mein Vater, dem ich nicht mehr gefiel.

Meine Mutter, die immer müde und abgespannt und besorgt war und deren Tonfall mich wahnsinnig machte, wenn sie mit mir sprach.

Mühsam richtete ich mich auf und schob eine Techno-CD, die ich mir letzte Woche gekauft hatte, in meine Anlage. Ich brauchte jetzt etwas, dass das Dröhnen in meinem Kopf übertönte.

Dann ging ich zurück ins Bett und blieb dort den ganzen Tag. Meine Mutter brachte mir Suppe und belegte Käsebrote und eine Kanne Roibuschtee und am Abend ein

Stück Pizza und ein Glas Apfelsaftschorle. Meinen Vater bekam ich nicht zu Gesicht. Er beschwerte sich nicht einmal, als ich die Musik nach und nach lauter drehte. Ich lag reglos in meinem Bett und fühlte mich leer. Ich starrte aus dem Fenster und schaute dem Stück Himmel, das ich vom Bett aus sehen konnte, beim Dämmrigwerden und beim Dunkelwerden zu. Es war schon Advent, in zwei Wochen würde Weihnachten sein. Ich musste plötzlich an früher denken, als ich noch klein war. Damals hatte ich einen Adventskalender und am sechsten Dezember war ich mit Herzklopfen zu meinen gefüllten Schuhen vor der Wohnungstür hinausgelaufen. Mit meinem Vater hatte ich einen Adventskranz gebunden und mit meiner Mutter Kerzen gezogen und mit Leon Zimtsterne gebacken.

Auf einmal musste ich weinen.

Die letzten Monate war ich immer mit Lilli und den anderen unterwegs gewesen. Ich hatte meiner Mutter erklärt, dass Weihnachten nur blöder Kitsch und fadenscheiniges Getue sei, dass ich damit nichts zu tun haben wolle.

Doch plötzlich hatte ich Sehnsucht nach all diesen vergangenen Dingen. Was war nur los mit mir? Ich schlug die Bettdecke zurück und stand auf. Meine Beine fühlten sich schwach und zittrig an.

Ich wollte alles wieder in Ordnung bringen. Ich schlich mich in die Diele und holte mir das schnurlose Telefon. Aber weder Franka noch Leon waren zu Hause.

„Franka ist bei Jasmin", sagte mir Frankas Mutter. „Probier es doch da einmal."

„Leon ist mit Friederike über das Wochenende zu Friederikes Patentante nach Berlin gefahren", sagte Paula.

Zitternd saß ich da und starrte vor mich hin. Die Zeit stand eben nicht still. Und sie war gegen mich. So wie alles andere gegen mich war.

Für einen Moment kämpfte ich mit dem Wunsch, Malte anzurufen. Aber dann tat ich es nicht.

Ich tat gar nichts mehr an diesem Abend. Ich hörte, dass meine Eltern im Wohnzimmer das *Weihnachtsoratorium* von Bach spielten, so wie sie es immer taten in der Adventszeit, und da schrieb ich in mein Tagebuch ein einziges Wort: *Scheißleben*.

Ich schrieb es hundertmal. Dann legte ich mich wieder hin und schloss die Augen. Ich hatte das Gefühl, todtraurig zu sein.

Aber je länger ich über alles nachdachte, desto weniger traurig war ich. Mit jeder Sekunde, die ich wach in meinem Bett zubrachte, wurde ich wütender. Ich hasste plötzlich die ganze Welt.

Und mich am allermeisten.

Ich fühlte mich klein, hässlich, unbedeutend, lächerlich, gering, dumm, ausgeschlossen, mickrig, farblos – und wieder klein, hässlich, unbedeutend, lächerlich ...

Die halbe Nacht lag ich so da und dachte immer dasselbe.

Ich bin klein, hässlich, unbedeutend, lächerlich, gering, dumm, ausgeschlossen, mickrig, farblos ...

Es war fast schon wieder Tag, als ich es endlich schaffte, einzuschlafen.

Am anderen Morgen ließen sie mich nicht in die Schule gehen.

„Ich habe dir einen Termin bei Dr. Vogts gemacht“, sagte meine Mutter.

Dr. Vogts war unser Hausarzt. Seine Kinder gingen auch in die Waldorfschule und er gab nicht viel auf Schulmedizin und Apparate und Hightech. Seine Arztpraxis erinnerte mich immer ein bisschen an den Waldorfkindergarten, in den ich früher gegangen war. Es roch nach biologisch abbaubaren Putzmitteln und an den rosa gestrichenen Wänden hingen Aquarelle und gerahmte Zitate von Rudolf Steiner.

„Ich will nicht hingehen", sagte ich ärgerlich.

Mein Vater betrachtete mich mit gerunzelter Stirn.

„Marie, du tust, was wir dir sagen", sagte er und seine Stimme klang böse. Es war der erste Satz, den er wieder an mich richtete.

Meine Mutter fuhr mich in die Praxis.

„Wir machen uns Sorgen um dich", sagte sie im Auto, während sie den Motor startete. Es war kalt und ich fror. Vom Himmel tröpfelte der erste Schneeregen des Winters.

Ich gab keine Antwort.

„Du hast dich sehr verändert, seit du so viel mit Lilli zusammen bist", fuhr meine Mutter fort, als wir die Hauptstraße entlangfuhren. In den Schaufenstern lag die Weihnachtsdekoration aus. Ich musste plötzlich an die Weihnachtsparty denken, die wir im August am Steinbruch gefeiert hatten. Damals hatte ich zum ersten Mal eine Pille geworfen. Es kam mir so vor, als wäre seitdem eine halbe Ewigkeit vergangen.

„Hörst du mir überhaupt zu?", fragte meine Mutter plötzlich, und erst da fiel mir auf, dass sie die ganze Zeit mit mir geredet hatte.

Ich zuckte mit den Achseln und schwieg weiter. Ich hatte einfach kein Bedürfnis danach, mit ihr zu reden.

Dann waren wir da und ich musste mich von einer Arzthelferin messen und wiegen lassen und dann erklärte mir Dr. Vogts, dass Alkohol ungesund sei, vor allen Dingen, wenn man noch nicht erwachsen sei, und dass zu viel Alkohol sogar lebensgefährlich werden könnte.

Ich nickte ein paarmal und dann durfte ich gehen.

Den Rest des Tages verbrachte ich wieder alleine in meinem Zimmer. Ich hörte Sinead O'Connor auf voller Lautstärke und schrieb in mein Tagebuch: *Ich möchte so gerne glücklich sein!*

In der darauffolgenden Zeit ließen sie mich nicht weggehen. Weihnachten kam und ging, und es schneite und regnete abwechselnd und ich fühlte mich trostlos.

In der Schule hatte ich es vermieden, Malte zu begegnen. Einmal kam Kristina zu mir. Malte hatte sie geschickt.

„Die Schwarzhaarige interessiert ihn nicht, Marie", sagte Kristina. „Er hat sie seit der Party nicht wiedergesehen."

Ich erfuhr noch etwas anderes. Es passierte, als ich zufällig ein Gespräch zwischen Björn und Erik mit anhörte.

„Er ist ja echt voll down", sagte Björn achselzuckend.

„Ist nicht zu übersehen", sagte Erik.

„Er hat mir gesagt, es geht ihm beschissen, weil er nicht von ihr loskommt", sagte Björn.

Und ganz von alleine wusste ich, von wem sie sprachen. *Leon.*

„Und dabei hat sie ihm schon tausendmal gesagt, dass sie ihn zwar mag und so, dass sie aber absolut nicht verliebt ist in ihn ..."

Friederike.

So war das also. Leon war in Friederike verliebt und kam nicht von ihr los, aber ein Paar waren sie nicht und würden sie auch nicht werden. *Weil Friederike Leon nicht liebte!*

In der nächsten Stunde beobachtete ich Leon aus den Augenwinkeln. Er sah schlecht aus. Blass und dünn, und unter seinen dunklen Augen waren dunkle Schatten. Zweimal schaute er zu mir hinüber, als spürte er meinen verstohlenen Blick, aber ich wendete jedes Mal meinen Kopf ab.

Silvester klingelte frühmorgens das Telefon. Es war Malte und er rief an, um mir zu sagen, dass ich ihm fehlen würde und dass er in der Nacht von mir geträumt habe und dass er Silvester gerne mit mir verbringen wolle.

„Samir gibt eine kleine Feier", sagte er.

„Ich weiß nicht, ob ich weggehen darf", sagte ich niedergeschlagen und erwähnte mit keinem Wort das schwarzhaarige Mädchen von Kristinas Feier. Auch Malte überging das Thema.

„Marie, du fehlst mir wahnsinnig", sagte er plötzlich.

Mir wurde warm im Bauch, als ich das hörte, und diese blöde Traurigkeit, die mich seit Tagen umgab, lichtete sich ein bisschen.

„Marie, könntest du mich besuchen kommen, jetzt gleich?"

„Ich ... ich weiß nicht", stotterte ich. „Meine Eltern ..."

„Bitte", sagte Malte. „Bitte, Marie."

Dann legte er den Hörer auf.

Meine Eltern schliefen noch. Für einen Augenblick zögerte ich, aber dann schlüpfte ich schnell in meine Anziehsachen, schrieb einen kleinen Zettel für meine Eltern und schlich mich aus dem Haus. Mister Allen schaute mir durch das Küchenfenster hinterher.

Malte öffnete mir selbst die Tür, als ich klingelte. Ich war noch nie vorher bei ihm gewesen.

„Ich wusste, dass du kommen würdest", sagte er und lächelte mir zu. „Mein Vorfahre ist in der Schweiz zum Skifahren."

Wir gingen nebeneinander durch das stille Haus in sein Zimmer. Noch nie hatte ich ein so kahles Zimmer gesehen. Die Wände waren schneeweiß und bis auf eine riesige Yuccapalme und Maltes Bett war das Zimmer leer. Nur eine einsame Tasse Tee stand auf den hellen Holzdielen.

„Gefällt es dir?“, fragte Malte und umarmte mich ganz leicht von hinten.

„Ja“, sagte ich, obwohl ich mir nicht sicher war, dass es stimmte.

„Dann ist ja gut“, sagte Malte und drehte mich zu sich um. Seine roten Haare waren an diesem Morgen zentimeterkurz geschnitten. Er kam mir fremd und viel älter vor mit dieser Frisur. Wir gingen in die Küche und Malte kochte frischen Tee.

„Ich habe auch ein paar prima Pillen da“, sagte er, während er das heiße Wasser in die Kanne füllte.

Wir gingen zurück in Maltes Zimmer, tranken Tee und hörten Musik aus einer kleinen Anlage, die unter Maltes Bett verborgen stand.

„Schön, dass du da bist“, sagte Malte und gab mir eine Pille. Er selbst nahm auch eine. Ich fühlte mich sehr erwachsen und cool. Das hier war eine ganz andere Welt als zu Hause. Nicht langweilig und nicht spießig. Ich schaute Malte an, als sähe ich ihn zum ersten Mal, und irgendwie war das tatsächlich so. Leon war mir immer vertraut gewesen, von Kopf bis Fuß, doch Malte war wie ein unbekanntes Universum. Er hatte größere Ohren als Leon und angewachsene Ohrläppchen. Außerdem hatte er grünlich grau gesprenkelte Augen und schöne, schmale Hände. Am linken Daumen hatte er eine kleine runde Warze und er hatte eine Jeans an und war barfuß. Auf der Nase hatte er ein paar vereinzelte, winterblasse Sommersprossen und seine Schultern waren breit und männlich.

Wir schauten uns an.

„Ich würde jetzt gerne mit dir schlafen, Marie“, sagte Malte plötzlich.

Innerlich zuckte ich zusammen und ich wusste nicht, was ich tun oder sagen sollte. Ich stand am Fenster und Malte saß auf der Kante seines Bettes und wir schauten uns immer noch an.

„Nun komm schon zu mir", sagte Malte. Er stand langsam auf, zog mich neben sich auf sein Bett und fing an mich zu streicheln, so wie er es bereits ein paarmal getan hatte.

„Ich mag es, dass du Grübchen hast, obwohl du so dünn bist", sagte Malte und küsste meine Wangen. Dann küsste er meine Augen.

„Ich liebe es, deine Haut zu berühren", fuhr er fort und küsste meine Nasenspitze. Ich spürte, wie alles um mich herum begann, sich zu verändern. Das war eines dieser Gefühle an den E-Pillen, das ich so mochte. Diese Leichtigkeit, die ich plötzlich empfand. Ich ließ mich nach hinten sinken und schaute Malte unverwandt an. Mir war fast feierlich zumute. Feierlich und ernst.

„Ich liebe deine nackte Haut", flüsterte Malte in mein Ohr. Sein warmer Atem kitzelte mich und gleich darauf spürte ich, wie er meinen Pulli auszog.

„Du bist schön, wunderschön", murmelte er und legte sich auf mich. Die Wärme seines Körpers streichelte mich. Halbnackt lag ich auf Maltes Bett. Ich sah, wie er seinen eigenen Pulli auszog und dann seine Jeans.

„Schön, dass du keinen BH trägst", sagte Malte und legte seine Hände über meine nackten Brüste.

Genau in diesem Moment passierte es: Mir wurde plötzlich ganz eigenartig zumute. Ich spürte, dass ich schrecklich erregt war, so wie noch niemals vorher in meinem Leben. Ich wollte mit Malte schlafen, jetzt sofort – aber Malte war auf einmal nicht mehr Malte. Ich blinzelte ihn an, sein Gesicht kam mir verschwommen vor, so als hätte ich einen Schleier vor den Augen oder als sei der Raum um uns herum voller Nebel.

„Ich kann nicht richtig sehen", hörte ich mich sagen und meine Stimme klang kläglich, kindlich, klein, nervös.

„Mach die Augen einfach zu", antwortete Maltes Stimme. „Unsere Körper finden auch so ihren Weg zueinander."

Ich hörte, dass sein Atem schneller ging. Und das war mir plötzlich eklig. Ich runzelte die Stirn und starrte Malte an. Die Konturen seines Gesichtes verschwammen immer mehr. Fast sah er ein bisschen aus wie Leon, aber dann doch wieder nicht, natürlich nicht.

Ich spürte, dass Hände mein heißes Gesicht streichelten, aber ich war mir nicht sicher, wessen Hände das waren. Leons Hände? Die Hände meines Vaters, wie auf dem Foto in der Säuglingsklinik?

„He, Marie, ich habe mich richtig verliebt in dich", sagte eine Stimme, die ich schon einmal gehört hatte. Aber ich konnte sie nicht mehr zuordnen.

Was war nur los mit mir? In meinem Kopf drehte sich alles. Plötzlich spürte ich Tränen in meinem Gesicht und gleich darauf musste ich lachen.

Jemand berührte mich, fuhr mir mit etwas durch das Gesicht, über den Oberkörper, bis zu meinem Bauchnabel. Ich versuchte zu erkennen, was das war, was da über mich strich. Ich hob den Kopf und ein wilder, wahnsinniger Schwindel packte mich. Das, was mich da berührte, war eine große schwere Hand – oder eine Pfote, sie wedelte unordentlich herum und berührte mich immerzu woanders. Wessen Hand konnte das sein? Und warum war sie so groß? Ein eisiger Schauder überfiel mich, obwohl ich doch schwitzte.

„Nein!", rief ich und meine Stimme klang schrecklich schrill. Oder war das gar nicht meine Stimme? Ich schlug die Hände vor mein Gesicht, wollte wieder zu mir kommen. Aber ich spürte meine Hände nicht. Ich spürte nur etwas Dickes, Schweres, das sich in mein Gesicht presste. Was war das?

„He, Marie“, sagte jemand.

Dann war nur noch Unruhe um mich und in mir. Und vor allen Dingen in meinem Kopf.

„Nein, nein, nein“, hörte ich mich flüstern, aber ich wusste nicht mehr, zu wem oder zu was ich *Nein* sagte.

Das weiße Zimmer wurde so beängstigend weiß, dass es mich blendete. Ich musste die Augen fest zukneifen, doch es blieb hell, überall. In meinem Kopf und um mich herum – wo auch immer ich gerade war.

Ich versuchte, ganz still zu liegen, weil jede Bewegung machte, dass ich mich noch schlechter fühlte. Ich spürte, dass ich zitterte und dass meine Hände kalt und klamm waren.

„Nein!“, rief ich wieder. Ich lag stocksteif da. War ich nackt? Irgendetwas an mir musste nackt sein, es fühlte sich nackt an. Ich schien immer noch zu weinen, weil mir eine heiße, klebrige Flüssigkeit über das Gesicht lief. Oder war das Schleim? Oder Eiter? Oder Pfützenwasser?

Wieder hörte ich jemanden schreien. War das ich? Alles um mich herum drehte sich im Kreis. Plötzlich bekam ich etwas ins Gesicht: einen Schlag.

„Marie, hör endlich auf!“, brüllte jemand, und ich war froh, die Stimme wiederzuerkennen. Es war Maltes Stimme. Ich atmete auf und rollte mich so klein wie möglich zusammen. Im nächsten Moment spürte ich eine warme Hülle um meine eisigen Schultern. War das eine Decke? Hatte mich jemand zugedeckt?

Dann spürte ich, dass ich einschlief. Ich sackte in eine dämmrige, sanfte Ruhe und atmete auf. Stille. Friede. Absolute Ruhe.

Irgendwann schlug ich die Augen auf.

„Habe ich geschlafen?“, fragte ich Malte, der neben mir saß, mit einem Glas Orangensaft in der Hand. Er hielt es mir entgegen und nickte dabei.

„Was war los mit mir?“, fragte ich und trank vorsichtig einen kleinen Schluck. Mein Mund und mein Hals waren wie ausgetrocknet. Wie gut der kalte Saft tat. Noch nie war mir ein gewöhnlicher Orangensaft so lecker erschienen. Ich trank in einem Zug das Glas leer.

„Du warst high“, sagte Malte und lächelte. „Richtig high.“

Ich runzelte die Stirn. Im Hintergrund lief immer noch dieselbe CD wie vorhin.

„High?“, wiederholte ich.

Malte nickte. „Ich war auch ziemlich high. In der Pille muss außer Ecstasy noch was anderes gewesen sein, LSD oder so. Ist manchmal so. Ich mag das. Solche Trips sind viel mehr wert als die Kifferei zum Abhängen oder die E-Pille zum Happening. – Was wir eben erlebt haben, war etwas richtig Großes. Ein Ausflug zum Übergeist unserer Welt, eben eine psychedelische Reise, Marie.“

Ich richtete mich auf und spürte ein unerträgliches Pochen im Kopf. Langsam schob ich die Decke, unter der ich lag, zur Seite und sah, dass ich immer noch halb nackt war. Verlegen suchte ich nach meinem T-Shirt.

Malte rückte näher zu mir.

„Wo sind meine Sachen?“, fragte ich nervös. „Ich will mich anziehen.“

„Ist dir kalt?“

Malte lächelte mir zu und schob die Decke über mich. Er selbst schlängelte sich ebenfalls darunter und legte sich zu mir. Er hatte weder Pulli noch Jeans an. Vorsichtig streichelte er meine nackte Schulter.

„Weiche Haut hast du“, sagte er und schaute mich aus allernächster Nähe an. Mir fiel auf, dass die Pupillen seiner Augen viel größer als sonst waren. Eigenartig sah das aus. Ein bisschen so wie jemand, der hohes Fieber hat. Aber auch irgendwie kindlich und rührend.

„Ich glaube, ich will nach Hause“, sagte ich.

„Bleib doch noch“, bat Malte, aber ich stand trotzdem auf und zog mich so schnell wie möglich an. Malte schaute mir dabei zu. Er lag jetzt bäuchlings auf dem Bett, das Kinn auf den verschränkten Händen abgestützt.

Mir war von Kopf bis Fuß eigenartig zumute, ich fühlte mich zittrig und erschöpft.

„Soll ich dich ein Stück begleiten?“, fragte Malte.

Ich schüttelte den Kopf und lächelte ihm vage zu.

„Tschüss“, sagte ich.

Beinahe hätten wir miteinander geschlafen. Beinahe hätte ich es tatsächlich zum ersten Mal in meinem Leben getan.

„Okay, tschüss, Marie“, sagte Malte.

Dann ging ich schnell durch das weiße Zimmer und das stille Haus und dann war ich draußen im Freien.

Zu Hause wartete meine Mutter auf mich. Es war Nachmittag geworden und sie war wütend auf mich. Ich hatte ihr am Morgen diesen kleinen Notizzettel auf den Küchentisch gelegt, dass ich zum Frühstücken zu Malte gehen würde.

„Warum musst du dich in aller Herrgottsfrühe aus dem Haus schleichen?“, schimpfte sie und starrte mich an.

Ich schwieg.

„Antworte mir“, fauchte meine Mutter.

„Warum regst du dich so auf? Ich bin schließlich keine Gefangene, oder? Ich werde doch mal morgens aus dem Haus gehen können, ohne dass du durchdrehst“, sagte ich, und meine Stimme klang so gereizt, wie ihr Blick war. „Wir leben schließlich nicht im Iran!“

Wir schauten uns halb an und halb nicht an.

„Dieser Malte ist Malte Heimann aus der Zehnten, habe ich recht?“, fragte meine Mutter plötzlich.

Ich nickte widerwillig.

„Ich habe seine Telefonnummer aus Papas Schulunterlagen herausgesucht und versucht, dich telefonisch zu erreichen, aber es hat niemand den Hörer abgenommen.“

Ich konnte es kaum glauben.

„Überwachst du mich etwa?“, schrie ich.

„Ich mache mir Sorgen“, schrie meine Mutter zurück. „Du bist so verändert in der letzten Zeit. Du kapselst dich ab und wir wissen fast gar nichts mehr von dir.“

„Was willst du wissen?“, schrie ich. „Vielleicht, wann ich meine Tage habe? Oder was ich nachts träume? Ob ich verliebt bin? Oder ob ich mit Malte geschlafen habe?“

„Ach, Marie“, sagte meine Mutter. Ihre Stimme klang plötzlich kraftlos, aber sie war bei meinen Worten zusammengezuckt, ich hatte es deutlich gesehen.

„Nein, ich habe nicht mit ihm geschlafen. Das ist es doch, was dich am meisten interessiert“, zischte ich böse und dann ging ich in mein Zimmer und schloss mich ein.

Ein Blick in meinen Sternenspiegel zeigte mir, dass meine Augen ebenfalls einen fiebrigen Glanz hatten.

„Auch egal“, murmelte ich und drehte meine Anlage auf.

Abends kam Silvesterbesuch. Ich hörte Paulas Stimme. Paula war jedes Jahr an Silvester bei uns. Dieses Jahr kam sie zum ersten Mal ohne Leon.

Außer Paula hatten meine Eltern noch andere Gäste eingeladen.

Aber ich blieb, wo ich war. In meinem Zimmer. Obwohl meine Mutter ein paarmal an meine Zimmertür klopfte und mich bat, doch zu ihnen nach unten zu kommen.

Um zwölf Uhr begann draußen der Silvesterlärm.

„Wie soll es nur weitergehen?", schrieb ich in mein Tagebuch.

„Ich fühle mich so alleine.

Heute hätte ich fast mit Malte geschlafen.

Liebe ich ihn?

Ich vermisse Leon.

Ich würde jetzt gerne eine Pille werfen und einfach vergessen und abtanzen.

Zurzeit ist mir alles zuwider. Scheiße ..."

14

Das war also das neue Jahr: Regen, Regen und noch mal Regen. Der Himmel hing fleckig grau und dunstig und schwer über der Stadt und über unserem Haus und vor meinem Fenster.

Lilli war mit ihrer Mutter und ihren kleinen Schwestern verreist, genauso wie Jakob und Kristina.

Ich hing ruhelos herum und wusste nichts mit mir anzufangen. Einmal rief Malte an, als ich mit Mister Allen im Park war, aber ich rief nicht zurück.

Einmal lief mir beim Einkaufen im Bioladen Benjamin über den Weg. Ich lächelte ihm zu, nachdem ich ihn im ersten Moment gar nicht erkannt hatte. Seine Haare waren nicht mehr wirr und grün, sondern hellbraun und ordentlich, und auch sein kleiner, zerzauster Ziegenbart war verschwunden. Er sah ungewohnt normal aus.

„Heyho, Marie", sagte er lächelnd und stapelte Biohonig

und Biosirup und Bioerdnussbutter und Biorosinen in seinem Einkaufskorb.

„Hallo", sagte ich. Dann redeten wir eine Weile hin und her, über das blöde Wetter, über Weihnachten und darüber, wer alles zum Skifahren oder Snowboarden verreist war, und dann sagte Benjamin plötzlich: „Du, ich muss los, zu Hause warten sie auf mich. Wir fahren meine Schwester in der Klinik besuchen."

„In der Klinik?", wiederholte ich verwundert. „Was hat sie denn?"

Benjamin zuckte mit den Achseln und schwieg. In seinen Augen lag plötzlich ein nervöser Blick.

„Ist es was Schlimmes?", bohrte ich und dachte an die lustige, überdrehte Amai mit ihrem hübschen Gesicht und den ringellockigen hellbraunen Haaren.

„Weiß der Himmel", murmelte Benjamin vage. „Sie ist eben scheiße drauf."

Mehr war aus ihm nicht herauszubekommen.

Verwirrt ging ich nach Hause.

Zwei Tage später hielt ich es in meinem öden Zimmer nicht mehr aus. Ich konnte mich auf nichts konzentrieren. Meine Bücher gingen mir auf die Nerven, meine CDs hingen mir zum Hals raus, Mister Allen hinterließ überall Hundehaare und lief mir, wo ich ging und stand, vor die Füße, meine Mutter spielte immerzu auf ihrer Harfe und mein Vater verpestete mit seiner Pfeife die Luft im Wohnzimmer.

Zuerst flüchtete ich in den Park, dann in die Stadt, später fuhr ich mit dem Bus kreuz und quer durch die Innenstadt und auf einmal saß ich in dem Bus, der in das Viertel fuhr, in dem Leon wohnte.

Leon.

Letztes Jahr um diese Zeit waren wir immerzu zusammen unterwegs gewesen. Letztes Jahr war um diese Zeit auch richtiger Winter gewesen. Ich sah es noch deutlich vor mir: Leon und ich auf der Eisbahn. Leon und ich mit den Hunden im Wald. Leon und ich in meinem Zimmer. Leon und ich im Kino. Leon und ich in Leons Zimmer ...

Ich hatte auf einmal eine wilde Sehnsucht nach Leon und Paula und ihrer gemütlichen, unordentlichen Wohnung, wo mitten im Wohnzimmer immer noch die alte Schaukel von der Zimmerdecke baumelte, auf der wir als Kinder stundenlang geschaukelt hatten.

Und vor allen Dingen dachte ich an das, was Björn und Erik gesagt hatten: Leon war zwar in Friederike verliebt, aber Friederike nicht in Leon. Also konnte immer noch alles wieder gut werden. Meine Gefühle für Leon hatten sich ja auch nicht geändert, obwohl die Sache mit Malte passiert war. Leon und ich hatten eine viel zu lange Vergangenheit, um einfach alle Brücken zwischen uns abzubrechen. – Und wer weiß, vielleicht war er ja über die Sache mit Friederike inzwischen hinweg.

Mit klopfendem Herz stieg ich aus dem Bus.

„Wenn ich bis zur Straßenecke weniger als dreißig Schritte brauche, dann haben Leon und ich noch eine Chance", dachte ich.

Ich brauchte nur vierundzwanzig Schritte.

„Wenn mir bis zur Telefonzelle noch jemand entgegenkommt, dann haben Leon und ich ganz sicher noch eine Chance", dachte ich.

Der Weg bis zur Telefonzelle war nur noch ein Katzensprung, aber trotzdem kam plötzlich eine kleine, alte Frau aus einem nahen Haus, betrat den Gehweg – und lief mir entgegen. Sie lächelte mir sogar zu und ich lächelte zurück. Ich spürte meinen Herzschlag im ganzen Körper.

„Wenn ich von hier aus irgendwo ein vierbeiniges Tier

sehen kann, dann liebt Leon mich auch noch und alles wird wieder gut“, dachte ich und blieb stehen. Ich schaute prüfend die Straße hinauf und hinunter und in die Vorgärten hinein. Es hatte wieder angefangen zu regnen und ich sah kein Tier. Nur eine dicke, behäbige Krähe sprang und flatterte abwechselnd über die schmale Straße. Aber sie galt ja leider nicht, sie war nicht vierbeinig.

Jetzt war ich schon fast bei Leons Haus, ich schaute nervös die Häuserreihe entlang – und da balancierte auf einmal eine kleine pechschwarze Katze vorsichtig über ein Balkongeländer im ersten Stock. Ich lächelte ihr dankbar zu – und dann war ich da. Eilig, um es mir nicht wieder anders zu überlegen, drückte ich auf den Klingelknopf.

„Wer ist da?“, quiekte gleich darauf eine fremde Kinderstimme durch die Sprechanlage. Im ersten Moment war ich verwirrt, aber dann fiel mir Paulas neuer Freund ein, der ja vor ein paar Monaten mit seinen kleinen Söhnen bei Paula eingezogen war. Ich runzelte die Stirn. Daran hatte ich gar nicht mehr gedacht.

„Ich bin es, Marie. Ich möchte zu Leon“, sagte ich, weil die Kinderstimme fortwährend „Wer ist da? Wer ist da? Wer ist da?“ rief.

Sofort summte der Türöffner und ich betrat das Haus, das ich früher fast jeden Tag betreten hatte. Es kam mir plötzlich wie eine Ewigkeit vor, seit ich zum letzten Mal hier gewesen war. Ich legte sachte meine Hand auf das alte schnörkelige Treppengeländer, das mir so vertraut war, und ging langsam nach oben. Selbst der Geruch des Treppenhauses war unverändert.

Oben erwartete mich ein kleiner dünner Junge mit einer bunten Brille. Ich schätzte ihn auf höchstens vier.

„Ich dachte, du wärst Papa oder Paula“, sagte er zu mir und musterte mich abschätzend. „Auf die warte ich nämlich. Und ich langweile mich, weil es doof ist, dass es hier keinen Fernseher gibt."

Paula war schon immer eine Fernsehverächterin gewesen, nur in Leons Zimmer stand seit zwei Jahren ein kleiner Apparat.

„Zu wem willst du überhaupt?", fragte der Junge.

„Zu Leon", sagte ich.

„Der hat aber abgeschlossen", sagte der Junge.

Ich blieb stehen. „Warum denn das?"

„Weil er rumknutscht und ich ihm auf die Nerven gehe", sagte der Junge ärgerlich und hüpfte von einem Bein auf das andere.

Mir lief es kalt den Rücken hinunter, als ich das hörte.

Und genau in diesem Moment trat Leon an die Tür.

„Marie ...!", rief er und starrte mich verblüfft an.

Ich sagte nichts, weil ich nichts sagen konnte. Und dann ging alles sehr schnell. Den Bruchteil einer Sekunde nach Leon kam Friederike an die Tür. Da drehte ich mich um und rannte die Treppe hinunter.

„Marie, warte!", rief Leon, aber das tat ich nicht. Im Erdgeschoss stolperte ich und ein stechender Schmerz fuhr durch meinen linken Fußknöchel. Tränen schossen mir in die Augen.

Vor dem Haus hatte Leon mich eingeholt. Er packte mich an den Armen und hielt mich fest.

„Marie ...", sagte er wieder und seine Stimme klang sanfter und liebevoller und beschwörender als jemals vorher. „Marie, es tut mir alles so ..."

„Du Scheißkerl!", schrie ich und schluchzte auf wie ein kleines Kind und dann befreite ich meine Arme aus seiner Umklammerung und schlug ihm ins Gesicht und vor die Brust und überallhin, wo ich ihn erreichen konnte.

„Du mieser, mieser, mieser Scheißkerl!"

„Marie, hör auf damit, bitte", rief Leon.

Und das tat ich. Ich ließ die Arme sinken, drehte mich um und rannte davon. Den Schmerz in meinem Fuß beachtete ich nicht.

Aber der Knöchel an meinem Fuß schwoll so an, dass ich irgendwann stehen bleiben musste. Die Schmerzen schnitten mir fast die Luft zum Atmen ab. Mein Gesicht war nass von Tränen und Regen und ich fühlte mich alleine wie noch nie zuvor in meinem Leben.

Verzweifelt setzte ich mich auf einen regennassen Mauervorsprung und zog, Millimeter für Millimeter, meinen verletzten Fuß aus dem Schuh. Sogar die Socke zog ich aus. Um den inneren Knöchel herum war mein Fuß dick angeschwollen.

In diesem Moment klingelte mein neues Handy, das mir meine Eltern zu Weihnachten geschenkt hatten. Ich zog es aus der Tasche und warf einen prüfenden Blick auf das kleine, erleuchtete Display.

„Malte" stand dort in winzigen grünlichen Buchstaben. Mit zitternden Fingern nahm ich das Gespräch entgegen.

„Hi, Marie", sagte Malte. „Endlich erreiche ich dich mal."

„Hi", antwortete ich leise.

„Ich muss die ganze Zeit an dich denken", sagte Malte. „Egal, was ich mache. Du gehst mir einfach nicht aus dem Kopf."

Ich konnte nichts antworten. Aber schließlich stand ich mühsam auf, humpelte zur nächsten Bushaltestelle und fuhr zu Malte.

Es wurde von Minute zu Minute kälter.

„Jetzt wird es also doch noch Winter", sagte eine Frau im Bus zu einer anderen. Ich saß angespannt auf meinem

Sitzplatz und betrachtete meinen nackten, geschwollenen Fuß.

Als ich eine Weile später durch die Straße humpelte, in der Malte wohnte, fing es an zu schneien. Kleine, glitzernde, trockene Flocken waren es, die vom Himmel herunterwirbelten. Schön sah das aus, und es waren hunderte und tausende, so weit man schauen konnte.

„Da bist du also mal wieder“, sagte Malte, als ich vor der Tür stand. „Warum hast du nur einen Schuh an?“

Ich zuckte mit den Achseln, humpelte vorsichtig auf ihn zu und durchweichte sein T-Shirt mit meinem tränen- und schneenassen Gesicht.

Wieder waren wir alleine in der Wohnung. Und wieder kochte Malte Tee für uns. Und wieder gingen wir nebeneinander in sein weißes, kahles Zimmer. Diesmal setzte ich mich gleich auf das einsam dastehende Bett und Malte versorgte meinen Fuß.

„Umgeknickt, nehme ich an“, sagte er und betastete die Schwellung.

Ich nickte schwach.

„Aber nicht gebrochen. Wird schon wieder.“

Ich nickte noch einmal.

Malte machte Musik und ein Räucherstäbchen an, das in der Erde seiner Yuccapalme steckte.

Wir tranken Tee und hörten Musik und schauten dem wilden Schneetreiben vor dem Fenster zu. Bald war es draußen genauso weiß wie in Maltes weißem Zimmer.

Einmal klingelte mein Handy.

Diesmal stand „Zu Hause“ auf dem Display.

„Wo bist du, Marie?“, fragte meine Mutter.

Ich beschloss, diesmal alles richtig zu machen und ganz und gar ehrlich zu sein.

„Bei Malte, Mama“, sagte ich. „Vorher war ich spazieren

und ich habe mir den Fuß verstaucht, und jetzt bin ich hier und Malte hat mir einen Verband gemacht."

„Soso", sagte meine Mutter, und ihre Stimme klang unsicher. Ich merkte, wie ich ebenfalls unsicher wurde.

„Marie, es ist schon eine Weile her, dass wir uns über das Erwachsenwerden und die Sexualität unterhalten haben und ...", sagte meine Mutter plötzlich.

„Mama, bitte", unterbrach ich sie schnell.

„Doch, Marie, wir müssen ..."

„... nein, wir müssen gar nichts", sagte ich gereizt. „Wenn es etwas gäbe, das du wissen müsstest, hätte ich es dir schon gesagt!"

Ärgerlich schaltete ich das Handy aus.

Und dann passierten eine Menge Dinge hintereinander.

Zuerst bat ich Malte um eine Pille. Ich hatte sie dringend nötig. Er schmiss auch eine.

„Blöde Dinger", sagte Malte eine Weile später. „Solche hatte ich neulich schon mal. Sind ab und zu im Umlauf. Blender mit nix drin. So ein Mist." Ärgerlich stand er auf und ging aus dem Zimmer. Als er wiederkam, hatte er etwas in der Hand.

„Das hier sind Tickets", sagte er und warf sich bäuchlings neben mich auf sein Bett. „Schon mal probiert?"

Ich schüttelte den Kopf.

„Okay, einmal ist immer das erste Mal", sagte Malte und reichte mir ein kleines Stück Papier. „Einfach schlucken", erklärte er. „Die kommen sowieso viel besser als Pillen."

Ich betrachtete das kleine, unscheinbare Papierstück in meiner Hand.

„Sagen wir mal so", erklärte Malte. „Pillen sind für Teenager, die bloß ein bisschen kichern und abtanzen wollen – und so ein Ticket ist für Leute, die es wirklich draufhaben, die mehr vom Leben wollen als bloß ein paar Minuten

Happiness. Acid gibt dir Eindrücke und Gefühle, die du nie mehr vergisst. Acid verstärkt, was sowieso schon in dir steckt, was du aber bisher noch nicht zu fassen bekommen hast. Deine Begabungen, deine Leidenschaft – und bei dir das Göttliche in dir, das du immer wieder mit deiner Unsicherheit zudeckst ..."

Zuerst runzelte ich die Stirn, aber dann nickte ich langsam.

Ich machte einfach Malte nach, legte mir das kleine Papierstück auf die Zunge und schluckte es hinunter. Es ging leicht und schnell.

Danach lagen wir auf dem Bett und hörten der Musik zu. Ich schaute die hohe Yuccapalme an und spürte, wie mich nach und nach eine große Leichtigkeit umfing. Mein Fuß hörte auf wehzutun und ich richtete meinen Oberkörper auf und stützte mein Kinn in meine Hände.

Malte lächelte mir zu und er sah so schön aus in diesem Moment. Schön und zart und verletzlich. Plötzlich passierte etwas Eigenartiges: Im letzten Winter hatten Leon und ich zusammen den Film *Lola rennt* auf DVD gesehen und jetzt war ich auf einmal Lola. Einfach so. Ich wusste es, aber ich wusste nicht, ob Malte es wusste. *Ich musste ihn retten.* Ich musste für ihn um sein Leben rennen. Ich spürte, wie ich rannte. Ich kam außer Atem und mein Herz hämmerte.

„Malte ...", sagte ich und presste mich an ihn.

„Lola", sagte Malte. Zumindest hörte ich, dass er *Lola* sagte. Auch wenn seine Lippen einen anderen Namen formten.

„Wir wollen immer zusammenbleiben", sagte ich. „Immer, ja?"

Malte nickte.

Das weiße Zimmer umhüllte mich beschützend.

„Mir ist warm", sagte ich zu Leon und Leon fuhr daraufhin mit seiner Hand unter meinen Pulli. Endlich war Leon wieder da!

Ich ließ mir den Pulli und mein T-Shirt und meine Hose ausziehen.

Vor dem Fenster tanzte Schnee.

Die Musik, die im Zimmer war, kroch in meine Ohren und streichelte meinen Kopf von innen. Noch nie hatte mich jemand innen im Kopf gestreichelt – es war ein wahnsinniges Gefühl.

„Schläfst du mit mir, Marie?“, fragte Leon.

Meine Augen fielen mir immer wieder zu, aber ich zwang mich, sie offen zu halten. Und dann nickte ich.

Ja, Lola würde mit Manni schlafen. Lola mit den schönen roten Haaren. Auch wenn ich nicht ganz und gar Lola war. Ich war Lola-Marie, schön, mutig und wild.

Aber Leon war Leon, auch wenn seine Augen heute eine andere Farbe hatten und wenn seine Haut anders roch als früher. Hatte ich nicht mal gesagt, ich könnte den Geruch von Leons Haut unter hundert Menschen mit geschlossenen Augen wiederfinden? Heute roch Leon anders, aber das war in Ordnung.

Ich schlüpfte aus meinem Slip und Leon legte sich auf mich und schlief mit mir.

Komisch, dass ich es kaum mitbekam. Die Musik, der tanzende Schnee, das weiße Zimmer, die mannshohe Palme, das alles lenkte mich ab.

Ich lag ganz still da und ließ mich treiben.

Erst Stunden später war ich wieder da. Im Zimmer war es dunkel bis auf eine flackernde Kerze, die merkwürdige Schatten an die Wände warf. Ich merkte, dass ich diese Schatten schon lange, lange, lange beobachtete. Ich erinnerte mich plötzlich vage daran, dass ich gesehen hatte, wie

Malte die Kerze auf den hellen Holzboden gestellt und angezündet hatte. Es war eine ganz neue rote Kerze gewesen. Jetzt war sie schon mehr als zur Hälfte abgebrannt.

Meine Augen brannten und ich spürte, dass ich fror. Ich hatte von Leon geträumt. Leon hatte mich gestreichelt und ausgezogen, und er war ebenfalls nackt gewesen. *Und dann hatten wir miteinander geschlafen!*

Aber das war nicht Leon gewesen – das war Malte gewesen. Ich hatte mit Malte geschlafen!

Und jetzt war es Nacht. Oder Abend?

Hastig sprang ich auf und suchte meine Anziehsachen zusammen, die zerstreut auf dem Boden lagen. Mein verletzter Fuß tat wieder weh und ich hatte Mühe aufzutreten.

„Marie, was ist los?", murmelte Malte und hob den Kopf.

„Ich muss nach Hause", sagte ich. Erst jetzt erinnerte ich mich an meine Armbanduhr. Ich warf einen schnellen Blick darauf. Viertel nach zehn. Meine Mutter würde böse sein. Warum hatte sie nicht noch einmal angerufen? Ich riss mein Handy aus der Tasche, aber dann fiel mir ein, dass ich es ja vor Stunden ausgeschaltet hatte. Meine Hände zitterten, mein Magen knurrte, mein Herz klopfte heftig und in meinem Kopf schien sich alles zu drehen.

Malte kam zu mir herüber und wir gingen nebeneinander durch das Haus. Wie bei den Malen zuvor war es ganz still. Bei Malte schien außer ihm selbst nie jemand da zu sein. Ich nahm mir vor, ihn einmal danach zu fragen.

„Ich rufe dir ein Taxi", sagte Malte. „Wer weiß, wann der nächste Bus kommt. Und dann noch die Sache mit deinem verstauchten Knöchel ..."

Er ging zum Telefon und bestellte einen Wagen.

„Warte, ich gebe dir Kohle", sagte er fürsorglich und knipste im nächsten Moment das Flurlicht an. Die Pupillen in seinen Augen waren wieder riesig.

Ich schüttelte den Kopf. Ich hatte selber genug Geld dabei.

„Wirklich schade, dass du gehen musst“, sagte Malte. „Schön wäre es, mit dir einzuschlafen und am anderen Morgen mit dir aufzuwachen.“

Er gab mir einen Kuss auf den Mund und brachte mich zur Tür.

Zu Hause erwarteten mich meine Eltern. Stumm saßen sie in der Küche am Tisch und schauten mir entgegen. Nur Mister Allen begrüßte mich erfreut.

„So kann das nicht weitergehen, Marie“, war das Erste, was meine Mutter schließlich sagte. Mein Vater saß immer noch reglos da und starrte vor sich hin. „Du kannst nicht kommen und gehen, wie du willst. Du bist erst fünfzehn.“

„Ich bin fast sechzehn“, sagte ich und zog meine Jacke aus. Mein Fuß tat schrecklich weh.

„Ich habe stundenlang versucht, dich bei Malte zu erreichen, aber niemand hat den Hörer abgenommen.“

Ich schwieg und zog meine Schuhe aus.

„Außerdem hat Paula angerufen und uns gesagt, dass du heute Morgen bei Leon warst. Leon hat es ihr erzählt, weil er sich schreckliche Sorgen um dich gemacht hat.“

Ich verzog das Gesicht.

„Es ist die Sache mit Friederike, die dich so aus dem Gleichgewicht gebracht hat, nicht wahr?“, fragte meine Mutter vorsichtig.

„Ich habe keine Lust, darüber zu reden“, sagte ich und meine Stimme klang eisig.

„Es war doch klar, dass einer von euch sich mal verlieben würde, dass sich eure Freundschaft eines Tages verändern würde. Ihr seid schließlich keine Kinder mehr, sondern bald erwachsen.“

„Hast du nicht zugehört? Ich habe keine Lust, darüber zu reden“, wiederholte ich und machte Anstalten, in mein Zimmer zu gehen.

Aber plötzlich stand mein Vater so heftig auf, dass der Stuhl, auf dem er gesessen hatte, laut polternd nach hinten fiel. Mit lauten, schweren Schritten durchquerte er den Raum und kam auf mich zu.

„Ich habe genug, Marie!“

Er kam immer näher und dann packte er doch tatsächlich meine Schultern und schüttelte mich. „Du kannst dich nicht aufführen, wie du willst. Wir sind kein Hotel, in dem du kommen und gehen kannst, wie du willst – *du bist noch nicht erwachsen*!“

Wir schauten uns aus allernächster Nähe an und ich hasste ihn in diesem Moment. Ich fand ihn hässlich und alt und aufdringlich. Darum kniff ich die Augen zusammen und wich so weit wie möglich zurück. Meine Schultern, an denen er mich gepackt hatte, taten weh.

„Und jetzt gehst du auf der Stelle schlafen, und ab morgen wird hier einiges anders werden, das verspreche ich dir!“

Damit schob mich mein Vater aus der Küche und knallte die Küchentür hinter mir zu.

„Ich habe mit Malte geschlafen“, schrieb ich in mein Tagebuch. „Jetzt bin ich erwachsen. Mein Körper, meine Seele, mein Geist, alles ist erwachsen. Das, was Malte und ich heute erlebt haben, will ich bald wieder erleben! Es war unglaublich!

ES IST MAGIC OF LOVE!

Leon liebe ich nicht mehr. Das ist endgültig vorbei. Ab jetzt liebe ich Malte. Ich bin ganz sicher.“

15

Die folgende Woche war schlimm.

Meine Eltern verlangten, ich solle mittags pünktlich nach Hause kommen. Aber ich tat es nicht.

Sie verlangten, ich solle jeden Tag wenigstens eine halbe Stunde Geige spielen, aber ich tat es nicht.

Sie verboten mir, Malte zu treffen, aber ich traf ihn trotzdem.

Sie schrien mich an und ich schrie zurück.

Einmal kam Paula und brachte Leon mit, aber ich schloss mich in meinem Zimmer ein.

„Dein Vater hat mir verboten, dass wir uns außerhalb der Schule sehen", sagte Malte in einer Pause zu mir. Ich schaute ihn an und versuchte, mich an den Moment zu erinnern, an dem wir zusammen geschlafen hatten. Ich konnte mich an die Helligkeit um mich herum, an die Musik und das Streicheln in meinem Kopf, an den Schnee vor Maltes Fenster und vor allen Dingen an das endlose Glücksgefühl erinnern, das ich empfunden hatte – aber nicht an das, was Malte und ich miteinander getan hatten.

Ich traute mich aber nicht, ihm das zu sagen. Auch Lilli sagte ich nichts. Weder von dieser Sache noch von dem „Ticket", das ich geschluckt hatte.

Ich fing an, Zigaretten zu rauchen. Schließlich rauchte ich ja auch Haschisch mit den anderen.

„Du riechst nach Zigarettenqualm", sagte meine Mutter. „Rauchst du etwa?"

„Nein", sagte ich fest und schaute sie an.

Am Freitag sprach mich Franka plötzlich an, zum ersten Mal seit Langem.

„Marie, ich habe gehört, dass Samir in Drogengeschäfte verwickelt sein soll", sagte sie. „Und ein paar andere auch ..."

Ich runzelte die Stirn. „Und warum erzählst du mir das?", fragte ich und packte meine Bücher in meinen Rucksack.

„Weil du jetzt ständig mit Samir und Lilli und Malte rumhängst", antwortete Franka vorsichtig und fuhr sich durch ihre schönen blonden Haare.

Mir schoss durch den Kopf, wie lange wir Freundinnen gewesen waren – und wie lange diese Freundschaft schon her war.

„Ach Blödsinn", sagte ich knapp.

„Du kennst doch dieses Mädchen aus der Oberstufe?", beharrte Franka und lief neben mir her durch den Schulflur, so wie sie es früher immer gemacht hatte. „Dieses Mädchen mit den braunen Locken, mit der wir letztes Jahr im Sommer auf diese verrückte Weihnachtsparty gefahren sind. Sie ist die Schwester von diesem grünhaarigen ..."

„Du meinst Amai? Benjamins Schwester?", unterbrach ich Franka und blieb stehen. „Was ist mit ihr?"

„Ich habe es von Friederike gehört", sagte Franka.

Ich runzelte die Stirn, als ich Friederikes Namen hörte, aber ich schwieg.

„Friederike und diese Amai haben dieselbe Cellolehrerin und die hat erzählt, dass Amai jetzt schon eine ganze Weile in einer psychiatrischen Klinik ist."

Ich schaute Franka sprachlos an.

„Sie soll Drogenprobleme haben", fuhr Franka fort. „Und nach irgendeiner Party ist sie wohl völlig zusammengebrochen. Sie soll versucht haben, sich das Leben zu nehmen. Marie, ich mach mir Sorgen um dich –"

Ich glaubte es nicht. Ich glaubte es einfach nicht.

„So ein Blödsinn", murmelte ich.

„Frag ihren Bruder", rief mir Franka hinterher, denn ich lief einfach davon.

Aber ich erkundigte mich nicht nach Amai. Ich vergaß es ganz einfach. Ich vergaß eine Menge in der letzten Zeit. Ich vergaß, Hausaufgaben zu machen, mit Mister Allen in den Park zu gehen, die Orchesterproben, meine Geigenstunden, meine Freundschaft mit Lilli.

„Was ist los, Marie?", fragte Lilli.

„Nichts", sagte ich und zuckte mit den Achseln.

„Was ist los, Marie?", fragte Leon.

„Lass mich in Ruhe", sagte ich und ging davon.

„Was ist los, Marie?", fragte mein Klassenlehrer.

„Was soll los sein?", sagte ich und schaute durch ihn hindurch.

An dem Tag, an dem meine Periode hätte kommen müssen, kam sie nicht. Und auch am nächsten und am übernächsten Tag kam sie nicht. Ich versuchte, ruhig zu bleiben. Ganz sicher war ich nicht schwanger! Ganz sicher nicht! Ganz sicher nicht!

Und wenn es doch so war? Wenn es doch passiert war? An diesem weißen, glücksstrahlenden Nachmittag in Maltes Zimmer, auf Maltes Bett? Mit dem tanzenden Schnee vor dem Fenster?

Wenn ich Maltes Baby im Bauch hatte?

Ich wollte so gerne mit Malte darüber reden – darüber, dass wir vielleicht ein Baby miteinander bekommen würden. Aber ich traute mich nicht.

„Warum schaust du mich immer so eigenartig an?", fragte Malte einmal auf dem Schulhof.

„Ich ...", begann ich und horchte in meinen Körper hinein, in dem vielleicht Maltes und mein Baby lag. Aber dann schwieg ich doch. Ich schwieg so lange, bis ich das nächste Mal mit Malte alleine bei ihm zu Hause war. Wieder war niemand außer uns in der Wohnung und eigentlich hätte ich in diesem Augenblick in der Geigenstunde sein müssen, aber ich hatte meine Geigenlehrerin angerufen und gesagt, ich sei krank.

„Warum bist du so oft alleine?", fragte ich Malte. Wir hatten gerade wieder ein Ticket geschluckt und ich wartete mit klopfendem Herzen auf die Wirkung. Seit Tagen hatte ich mich auf diesen Moment gefreut.

„Mein Vater arbeitet", sagte Malte knapp und streichelte meine kurzen Haare.

„Immer?", fragte ich verwundert.

„Ja, immer", sagte Malte. „Er ist ein wahnsinnig gewordener, abscheulicher, reicher Workaholic. Wenn er nicht immerzu arbeiten kann, kriegt er Depressionen."

„Und deine Mutter?"

„Düsseldorf", sagte Malte achselzuckend.

„Düsseldorf? Was meinst du damit?", fragte ich.

„Sie wohnt da. In Düsseldorf. Mit Mann und Kleinkind eben."

„Deine Eltern sind geschieden?"

Malte nickte. „Und der Typ, mit dem sie jetzt zusammenlebt, ist gerade mal zehn Jahre älter als ich. – Ziemlicher Mist, was?"

Ich schwieg und lehnte mich gegen die weiße Wand hinter Maltes Bett. Ich spürte, wie es passierte. Es fing an ...

„In zwei Wochen habe ich Geburtstag", sagte ich irgendwann. Malte antwortete mir nicht. Er kam nur zu mir hinüber und legte seinen Kopf in meinen Schoß.

„Meine Mutter heißt Lisa", flüsterte er irgendwann und fing leise an zu weinen.

Ich streichelte sein nasses Gesicht und weinte mit, dabei war ich gar nicht traurig, sondern sehr froh und glücklich.

„Ich bin vielleicht schwanger", sagte ich.

Wieder antwortete Malte mir nicht. Ich spürte nur den

Druck seiner warmen Arme um meinen Bauch. Das fühlte sich schön an.

Licht und Wärme hüllten mich ein und ich wand mich vorsichtig aus Maltes Umklammerung und legte mich dicht neben ihn. Wie ein Engel lag er neben mir, flach auf dem Rücken, mit geschlossenen Augen und einem blassen Gesicht. Er war gar nicht mehr cool und männlich, wie ich ihn kennengelernt hatte, er war wie ein Baby, und ich fing leise an zu singen für ihn.

„Wenn du wirklich schwanger bist, musst du es wegmachen lassen", sagte Malte plötzlich in mein Glück hinein. „Meine Mutter hat auch zweimal abgetrieben, das ist ganz unstressig ..."

Ich zuckte zusammen und setzte mich auf. Ein Schwindelgefühl packte mich und ich schnappte nach Luft.

„Was?", fragte ich, aber Malte lag nur da, als schliefe er.

„Was hast du gesagt?", wiederholte ich mit schwerer Zunge. Ich kam mir bleischwer vor, meine Arme und Beine schienen auf einmal zentnerschwer zu sein. Mühsam und schwankend richtete ich mich auf.

„Malte!", rief ich verzweifelt, aber Malte antwortete nicht. Er rollte sich stattdessen einfach in seinem Bett zusammen und rührte sich nicht mehr. Ich spürte, wie ich Bauchschmerzen bekam. Es war, als brenne mein Unterleib. Es fühlte sich an, als sterbe jemand. Wer konnte das sein? Ich? Oder Malte? Oder mein Baby?

Ich stolperte aus Maltes Zimmer und durch den langen Flur bis zur Wohnungstür.

„Nicht sterben ...", flüsterte ich und streichelte meinen brodelnden Unterleib. „Nicht sterben, bitte!"

Ich ging mühsam durch das Treppenhaus. Das Geländer strahlte und wand sich unter meinem Griff und die Schmerzen wurden immer stärker.

„Hilfe …“, flüsterte jemand und ich nahm an, dass ich es gewesen sein musste. Unten trat ich auf die Straße, es begann gerade zu dämmern und es wehte ein Wind, der nach dem kommenden Frühling roch. Die frische Luft tat mir gut, ich hatte auf einmal das Gefühl, wieder zu mir zu kommen. Allerdings tat mein Bauch immer noch weh. Vorsichtig ging ich die Straße entlang. Die Bäume am Straßenrand waren noch ganz und gar kahl und der Wind machte, dass die kahlen, nackten Äste sich bewegten. Oder waren es gar keine Bäume, sondern *Wesen*? Die Äste streckten sich mir entgegen, sie wurden länger und länger. Sie wollten mich greifen. Hastig wich ich zurück, als ich es sah: In den Baumstämmen tauchten Augen auf: runde blaue Augen. Sie glotzten mich an, und als ich zur Seite wich, verfolgten sie mich mit ihren glänzenden Blicken. Ich drehte mich um und lief und lief, und dann konnte ich nicht mehr. Verdutzt blieb ich stehen und überlegte, wohin ich laufen sollte und wie ich eine Bushaltestelle finden konnte. Ich erreichte eine Straßenkreuzung und blieb mühsam stehen.

Hier war ich doch schon einmal gewesen? Aber wann? Es gab hier einen Ort in der Nähe, den ich kannte. Hecken waren da und Blumen und stille Wege. Ich überquerte die Straße und hatte plötzlich ein schreckliches Gefühl: Es war, als sinke ich beim Laufen ab, als liefe ich tief in eine Schlucht hinein. Zum Ende der Straße ging es steil bergauf, und ich klomm keuchend über die hohe Schwelle, die mich zum anderen Straßenrand brachte.

Verzweifelt stolperte ich weiter.

„Was hat das Mädchen?“, hörte ich von weit her eine Kinderstimme.

Ich blieb stehen.

„Geht es dir nicht gut?“, fragte eine Frau und griff nach meinem Arm. „Kann ich dir helfen?“

Ich schüttelte den Kopf und konnte nicht antworten, weil meine Zunge in meinem Mund angeschwollen zu sein schien. So schnell ich konnte, lief ich weiter. Aber wieder kam eine Straße. Und wieder sank ich hinunter, tief hinunter, in eine tiefe, weiche Ebene hinein.

„Hilfe", flüsterte ich ein ums andere Mal. Meine Zunge quoll mir gegen den Gaumen und ich musste husten. Und weinen. Außerdem schwitzte ich. Dann ging es wieder bergauf. Ich hatte kaum noch Kraft. Würde ich endgültig versinken? Plötzlich musste ich an meine Oma denken.

„Oma ...", sagte ich leise. Und meine Oma half mir. Ich schaffte es zur anderen Straßenseite.

Ich ging und ging und meine Oma half mir über die Straßen und führte mich irgendwohin. Zu Blumen und stillen Wegen hinter grünen Hecken. Ich lief jetzt wie ein Roboter und dann setzte ich mich einfach auf einen Kiesweg. Hier war etwas, das ich kannte. Ein Marmorstein, ein bisschen Erde wie ein kleines Blumenbeet, aber abgedeckt mit Tannenzweigen. Wo war ich?

„Oma?", flüsterte ich müde. In meinem Kopf drehte sich alles. Wo war bloß Malte? Ich hob den Kopf, als ich ein Geräusch hörte. Es knackte. Und plötzlich sah ich meine Oma. Sie stand vor mir und hatte ihren Mantel an und sie trug diese zwei Einkaufstüten, die sie schon mal getragen hatte.

„Ich bin nicht tot", sagte sie wütend zu mir. „Ich war auch niemals tot. Warum habt ihr mich begraben lassen? Ich habe mich heute selbst ausgegraben und jetzt gehe ich nach Hause. Trag meine Einkaufstüten, Marie! Bitte! Denn wenn ich sie trage, dann sterbe ich leider ..."

Meine Oma lächelte mir zu, so wie sie mir schon tausendmal zugelächelt hatte. Es war das liebste Lächeln, das mir je geschenkt worden war. Und ich hatte es so vermisst. Aber plötzlich hörte meine Oma auf zu lächeln und im gleichen Moment veränderte sie sich: Es betraf nur ihre Augen – sie stülpten sich nach außen und wurden blau, kugelrund und blau, und mit diesen Augen starrte sie mich stumpf an.

Ich hörte mich weinen, ganz leise nur, aber ich konnte lange, lange nicht mehr damit aufhören und es kam niemand, der mir hätte helfen können. Es wurde dunkel und ich konnte nur hier kauern und weinen und in die blauen Augen der Bäume um mich herum gucken, die mich anglotzten. Meine Oma war verschwunden.

Irgendwann, ganz plötzlich, wusste ich wieder, wo ich war. Ich war auf dem Friedhof, am Grab meiner gestorbenen Oma. Vorsichtig stand ich auf und fuhr mir durch die Haare. Dann drehte ich mich um und ging davon.

Auf meinem Handy blinkten sieben Anrufe, die ich überhört haben musste.

Zu Hause.

Zu Hause.

Zu Hause.

Zu Hause.

Malte.

Malte.

Zu Hause.

Widerwillig wählte ich unsere Telefonnummer.

„Marie?“, rief meine Mutter, kaum dass die Verbindung zustande gekommen war.

„Ja ...?“

„Wo bist du?“

„Unterwegs“, sagte ich.

„Ich habe bei Malte angerufen und er hat mir erzählt, dass du einfach davongelaufen bist!“

„Ich wollte alleine sein, Mama“, sagte ich mühsam. Das Reden fiel mir schwer. Und ich fühlte mich müde und verwirrt. Ich konnte mich kaum mehr an meinen Besuch bei Malte erinnern. Ich war wütend auf ihn gewesen. Wütend und enttäuscht. Und ich hatte Schmerzen gehabt. Aber jetzt tat mir nichts weh, bis auf ein dumpfes Pochen hinter meiner Stirn.

„Komm nach Hause, Marie“, sagte meine Mutter.

„Ja“, sagte ich, schaltete das Handy aus und ging nach Hause.

Es hörte nicht auf, dieses eigenartige Gefühl in meinem Kopf und meinem Körper. Langsam schlenderte ich nach Hause. Immer noch war es schwierig, eine Straße zu überqueren, immer noch sackte ich viel zu leicht ab und musste mich furchtbar abmühen, die andere Seite zu erreichen. Endlich stand ich vor unserem Haus. Ich schloss die Tür auf und ging hinein.

„Marie, was ist passiert?“, fragte meine Mutter und nahm mein Gesicht in ihre Hände. „Du bist ja ganz blass. Und du hast geweint. Was ist mit deinen Augen?“

Ich wurde nervös und machte mich los.

„Nichts“, sagte ich schnell. Ich schaute mich um. „Ist Papa da?“

Meine Mutter schüttelte den Kopf.

Ich atmete auf.

„Wir müssen miteinander reden“, sagte meine Mutter und griff schon wieder nach mir. Diesmal nach meinen Händen. Ich zog sie weg und ging in die Küche.

„Ich habe Hunger“, murmelte ich.

Meine Mutter nickte. „Es sind Pfannkuchen da. Oder hast du Lust auf Spaghetti?“

Ich gab ihr keine Antwort und schnappte mir aus der Vorratskammer eine noch ungeöffnete Packung Kellogg’s Frosties. Ich musste schnell, sofort, auf der Stelle etwas essen. Aus dem Küchenschrank holte ich mir die große hölzerne Salatschüssel und kippte ungeduldig die ganze Packung

Frosties hinein. Dazu nahm ich mir Milch, einen ganzen Liter Biomilch. In einem Schwall schüttete ich sie über den Berg von Frosties. Ich sah, dass meine Mutter mir zuschaute. Aber das war mir egal in diesem Moment. Mit der Schüssel in den Händen drängte ich mich an ihr vorüber ins Wohnzimmer, setzte mich auf den Teppichboden und schaltete den Fernseher ein. Dann aß ich und aß und aß, und dann schlief ich ein. Ich merkte noch, dass ich mitten im Wohnzimmer auf dem Teppichboden einschlief, mit dem Gesicht neben der hölzernen Salatschüssel, und es war mir auch peinlich, aber ich konnte es nicht verhindern.

Haschisch.

Das war es, was ich zugab.

„Du hast also Haschisch geraucht?“, fragte mein Vater mich.

Ich nickte widerwillig.

„Wie lange geht das schon so?“, fragte meine Mutter.

Es war mitten in der Nacht und wir saßen alle in meinem Zimmer, hellwach. Nur Mister Allen schnarchte leise. Er lag auf meinem Teppich, wie immer.

Ich saß im Bett.

Meine Mutter saß auf meiner Bettkante.

Und mein Vater stand an meinem Fenster.

Sie waren hier, weil ich schreiend aufgewacht war. Nicht im Wohnzimmer vor dem Fernseher, sondern mitten in der Nacht in meinem Bett. Es waren die Bäume gewesen, die Bäume mit den hervorquellenden, glänzend blauen Augen. Sie waren überall gewesen.

„Marie, antworte“, befahl mein Vater. „Wie lange geht das schon so?“

„Ein, zwei Mal“, murmelte ich gereizt.

„Mit Malte Heimann?“, bohrte mein Vater.

Ich hob den Kopf. „Nun macht doch keine Katastrophe daraus", sagte ich. „Es kiffen doch fast alle."

Ich hörte meinen Vater atmen, beherrscht atmen.

„Du weißt, was mit Amai Sommer passiert ist?", fragte er nach einer halben Ewigkeit. Auch seine Stimme klang mühsam beherrscht.

Ich schwieg.

„Sie hat versucht, sich das Leben zu nehmen, nachdem sie auf einer Feier eine Ecstasypille genommen hat, der jemand LSD beigemischt hatte, Marie. Sie ging einfach nach Hause, schloss sich in ihrem Zimmer ein und versuchte, sich mit einem Messer die Pulsadern aufzuschneiden ..."

Mir lief es eiskalt den Rücken hinunter, als ich das hörte.

„Ich weiß nicht, woher diese Drogen kommen, aber Tatsache ist, dass sie auch an unserer Schule gehandelt werden", fuhr mein Vater niedergeschlagen fort.

Ich musste an Samir denken. Und an Jakob. In Gedanken versuchte ich die Pillen zu zählen, die ich seit dem vergangenen Sommer geschluckt hatte. Es mussten über hundert gewesen sein ...

Woher bekamen Samir und Jakob wohl den Stoff, den sie an uns weiterverkauften?

„Es ist ein brutales, eiskalt kalkuliertes Geschäft, das diese Dealer da abziehen", sagte mein Vater. „Sie machen ahnungslose Jugendliche süchtig und dann sind sie ihnen auf Gedeih und Verderb ausgeliefert."

„Versprich uns, dass du mit diesem Unsinn wieder aufhörst", sagte meine Mutter. „Haschisch ist auch eine Droge, Marie. Und mit Haschisch fängt es eben oft an."

„Ja", sagte ich leise.

„Und du hast ja erlebt, wie elend du dich heute Nacht gefühlt hast, als du im Wohnzimmer eingeschlafen bist."

„Ja", sagte ich wieder.

Dann ließen sie mich in Ruhe.

Für einen Moment bedauerte ich es, dass ich ihnen nichts von den blauäugigen Bäumen und meinem Besuch auf dem Friedhof erzählt hatte. Ich wäre es gerne los gewesen. Aber es ging eben nicht. Es hätte ein Riesendrama verursacht.

16

Ich bekam meine Tage. Ich war nicht schwanger. Und ich nahm mir vor, nie mehr eine Pille oder ein Ticket zu schlucken. Aber ich tat es doch wieder.

„Lass es lieber", sagte Malte. Ich hatte ihm erzählt, dass ich nicht schwanger war, und Malte war erleichtert, aber er konnte sich nicht mal daran erinnern, dass ich ihm von meiner Vermutung erzählt hatte.

„Marie, ich war voll drauf an dem Nachmittag", sagte er und hielt sein Gesicht in die blasse Vorfrühlingssonne. Ich musste daran denken, wie er neben mir gelegen hatte wie ein schlafender Engel. Jetzt sah er wieder cool aus, aber so zart und sanft wie neulich auf seinem Bett, so mochte ich Malte am liebsten. Ich hatte ihm auch von den Augen erzählt, die ich gesehen hatte, und von der Angst, die ich gehabt hatte. Und darum sagte Malte zu mir: „Lass es lieber, Marie."

Aber ich wollte es nicht lassen. Ich musste immer an den ersten Trip denken, den ich erlebt hatte: das weiße Zimmer, die feierliche Stimmung, die Musik in meinem Kopf, die Ruhe, die ich gefühlt hatte. Schön und selbstbewusst und energiegeladen war ich an diesem Tag gewesen.

„Woher bekommst du eigentlich die Tickets?", fragte ich. Wir saßen in einem windgeschützten Teil des Parks auf einer kleinen Mauer nahe am Ententeich und schauten Mister Allen beim Herumlaufen zu.

„Manchmal von Samir, manchmal von Jakob, manchmal von jemand anderem“, sagte Malte ausweichend.

„Und woher bekommen Samir und Jakob den Stoff?“, bohrte ich.

„Ist doch egal“, murmelte Malte und baute eine Tüte.

„Ist gar nicht egal“, sagte ich. „Denk an Amai.“

„Ja, das war natürlich Mist“, sagte Malte und legte seinen Arm um mich. Ich schaute ihn prüfend von der Seite an und wünschte mir, wieder richtig verliebt in ihn zu sein.

Denn das war ich nicht. Nur wenn wir beide high waren, stimmten meine Gefühle für Malte. Im Alltag war er mein Kumpel, mein Vertrauter, mehr nicht. Jeden Tag wurde ich mir sicherer, dass er das auch so empfand, und es war eine traurige Erkenntnis.

An diesem Abend feierten wir eine Klassenfete. Wir trafen uns in unserem Mittelstufengebäude. Es waren auch eine Menge Oberstufenschüler da und sogar eine Menge Lehrer. Ich sah meine alte Klassenlehrerin und meinen neuen Klassenbetreuer. Auch mein Vater ging einmal über den Schulhof, zusammen mit meiner Französischlehrerin.

Deborah war da und Benjamin und sein älterer Bruder Jannis, der schon vor zwei Jahren sein Abitur gemacht hatte. Benjamin trug eine am Knie zerrissene Jeans und dazu ein enges orangefarbenes Hemd und eine bunte Pink-Panther-Krawatte.

Jannis war schick wie immer.

Einmal begegneten mir Leon und Friederike. Ich blieb hinter einem Baum stehen, bis sie verschwunden waren.

Über dem Portal der Schule wehte ein weithin sichtbares Transparent, das die SV dort heute aufgehängt hatte:

Drogen? Nein danke! – Dealer, verpisst euch, keiner vermisst euch! Unsere Schule soll drogenfrei sein!

Lilli grinste, als sie kam und das Transparent entdeckt hatte. Sie griff in ihre Hosentasche und zwinkerte mir zu.

Ich schüttelte den Kopf.

„Okay, lassen wir es bleiben", sagte Lilli. „Hoch lebe die SV, die für Zucht und Ordnung sorgt ..."

Sie hakte sich bei mir ein und wir gingen zusammen hinein zu den anderen.

Zuerst war es schön. Die Musik war so laut, wie ich es mochte, aber zu tanzen traute ich mich doch nicht. Ohne eine Pille war ich einfach nicht locker genug.

„Ist Malte auch da?", schrie mir Lilli ins Ohr.

„Er hat gesagt, er kommt später", schrie ich zurück. Ich sah Franka, Jasmin und Friederike tanzen. Leon stand mit Murat vor der Anlage und schaute zu.

Samir, Jakob und Kristina konnte ich nirgends entdecken. Aber dafür sah ich plötzlich das große schwarzhaarige Mädchen wieder, mit dem Malte damals auf Kristinas Fete Hand in Hand zur Tür hereingekommen war. Ich schaute sie an und spürte meinen Herzschlag. Sie tanzte in Frankas und Friederikes Nähe, aber ganz für sich alleine, und sie sah schön und entrückt aus. Sie schien das Gebot der SV bereits hintergangen zu haben.

Und dann kam Malte. Er sah mich nicht, aber dafür sah er das schwarzhaarige Mädchen. Er lächelte erfreut und ging auf sie zu. So wie er sich bewegte, sah ich, dass auch er etwas genommen hatte. Schön und blass und schon wieder ein bisschen engelhaft schlenderte er auf sie zu.

„Da ist Malte!", schrie Lilli.

Ich nickte und dann schauten Lilli und ich zu, wie Malte und das Mädchen sich küssten. Ohne ein Wort miteinander zu wechseln, fanden sich ihre Gesichter und Malte legte seine Lippen auf ihren Mund. Das Mädchen schlang seine Arme um ihn.

„So ein Mistkerl ...“, rief Lilli empört.

Ich zuckte mit den Achseln und schaute zu der Stelle hinüber, an der eben noch Leon und Murat gestanden hatten. Aber jetzt waren sie weg. Auch Friederike und Franka waren plötzlich wie vom Erdboden verschluckt.

Da ging ich mit Lilli nach draußen. Wir suchten Samir, Jakob und Kristina, und ich schmiss einen Trip. Direkt hinter der Schule, direkt dort, wo ich als Erstklässlerin in den Pausen gespielt hatte. Ich wollte jetzt tanzen und glücklich sein. Ich wollte nicht traurig sein, nicht unscheinbar und übersehen.

Plötzlich war mir alles klar. Warum es die Dinosaurier früher gegeben hatte und warum sie hatten aussterben müssen. Auch warum es jetzt Menschen gab auf diesem Planeten und warum auch sie wieder aussterben würden, all das war mir klar.

Ich verstand plötzlich alles. Warum es Ebbe und Flut gab und Vulkanausbrüche und warum Atomkraft und warum Amokläufer und Sonnenblumen.

„Lilli, ich muss es jemandem sagen“, flüsterte ich überwältigt.

„Was musst du sagen?“, fragte Lilli.

„Alles“, sagte ich und umarmte sie.

Ich sah, dass Lilli mich prüfend musterte. „Dich hat es ja ganz schön erwischt.“ Ich verstand den Sinn dieses Satzes nicht. Und dabei war es der letzte Satz, den ich überhaupt noch hören konnte – irgendwie.

Denn plötzlich zog sich etwas in meinem Kopf zusammen und ein kaltes Gefühl breitete sich in mir aus.

Lilli sagte etwas, aber ich verstand keinen Ton, keine Silbe. Es hätte alles Mögliche heißen können. Es waren Laute, die ich noch nie gehört hatte.

„Was?“, fragte ich, aber Lilli starrte mich mit einem merkwürdigen Blick an, den ich auch nicht verstand. Mir wurde immer kälter und ich fing an zu zittern. Ich klammerte mich an meine Freundin und an meine Jacke, aber beides rutschte mir aus den eisigen Fingern. Was war hier los? Ich hörte jemanden wimmern. Wer war das? Da schien jemand genauso zu frieren wie ich. Ich schaute mich um, aber da war niemand. Oder doch? Entsetzt öffnete ich meinen Mund, denn da waren sie wieder, die Bäume mit den blauen Augen – überall. Dabei gab es hier doch gar keine Bäume, oder? Ich versuchte zu schreien, aber ich konnte nicht. Es war plötzlich totenstill um mich herum. Die Stille tat mir in den Ohren weh. Es war eisig und still und auf einmal wusste ich, wo ich war: im Nichts. Hier war das Nichts, in das man kam, wenn man starb.

Ich wollte nicht sterben. Aber meine Arme starben bereits, sie baumelten tot an meinem kalten Körper. Und meine Beine machten es ihnen nach.

Voller Panik riss ich die Augen auf. Da war der kunterbunte Benjamin, da der ordentliche Jannis, da Deborah, da meine Französischlehrerin, da das große schwarzhaarige Mädchen, da Kristina und Jakob.

Und über mir der Himmel.

Ich wollte sagen „Ich sterbe“, aber im Nichts kann man nicht sprechen – im Nichts kann man nichts mehr tun. Plötzlich tat mir von Kopf bis Fuß der ganze Körper weh und im gleichen Moment verschoben sich die Dimensionen. Ganz nah an meinem Gesicht war eine kalte Wiese und ein Busch. Aber auch sie waren stumm und reglos und kalt.

Nur meine Augen waren noch nicht ganz tot. Der Rest meines Körpers war bereits gestorben.

Mit meinen Augen sah ich die Baumwesen. Und jemanden, der Benjamins Bruder Jannis am Arm packte. Jannis lachte und hob abwehrend die Hände, aber dann lachte er nicht mehr. Plötzlich schien er wütend zu werden.

Und da war Leon. Er kam zu mir ins Nichts, zusammen mit jemand, den ich ebenfalls kannte. Wer war das bloß? Auf einmal erkannte ich ihn: Es war Malte.

Und Malte und Leon taten etwas mit mir. Sie holten mich aus dem Nichts und aus den kalten, finsteren Schatten zurück.

Wortfetzen drangen an mein Ohr. *Marie, kannst du ... hören? Marie, es wird ... wieder gut!*

Jetzt roch ich den Duft von Leons Haut und fühlte den Druck von Maltes Händen. Und dann hörte ich mich weinen. Und sah gleichzeitig, dass Murat Jannis zu Boden geschmissen hatte. Was war hier los?

Dann war plötzlich mein Vater da. Erschrocken schloss ich die Augen. Ich spürte, wie ich wieder klein und hilflos wurde. Und dann spürte ich Hände, die mich streichelten.

Das Brutkastenbabyfoto. Ich war wieder klein. Ich war wieder ein Frühchen. Es fing alles noch einmal an.

Als ich aufwachte, konnte ich immer noch nicht sprechen. Ich konnte nur schauen, mit zusammengekniffenen Augen. Ich sah meine Eltern und ich sah, dass ich in einem fremden Bett lag. Einen Augenblick lang glaubte ich, es sei Maltes Bett, aber dann begriff ich, dass es ein Krankenhausbett war.

Jemand untersuchte mich. Ich schaute und schaute und schaute und wollte so gerne etwas sagen, aber ich brachte es einfach nicht fertig. Meine Mutter weinte. Mein Vater weinte nicht, aber seine Augen sahen so aus, als habe er vielleicht auch geweint.

Ich schlief wieder ein und träumte vom Grab meiner

Oma, aus dem sie sich verzweifelt herausgrub, in diesem hässlichen Kleid, in dem sie beerdigt worden war.

Ich wachte auf, weil jemand schrie, schrecklich laut schrie. Anscheinend war ich das gewesen. Gesichter beugten sich über mich, und ich spürte, wie jemand die Decke, die über mir lag, zur Seite schob, und dann spürte ich einen schmerzhaften Stich.

Danach schlief ich wieder.

Als ich das nächste Mal aufwachte, waren meine Eltern nicht da. Stattdessen saß jemand anderes an meinem Bett. Ich zuckte zusammen, als ich ihn erkannte. Es war Leon.

„Leon", sagte ich.

„Marie", sagte Leon.

„Warum bist du hier?", fragte ich.

„Um auf dich aufzupassen", sagte Leon. „Wir wechseln uns ab, deine Eltern, Paula, Malte und ich."

Ich schaute ihn an. Er war mir sehr vertraut, aber nicht mehr so vertraut wie früher.

„Bist du immer noch mit – Friederike zusammen?", fragte ich vorsichtig.

Leon schaute mich einen Augenblick nachdenklich an. „Ja", sagte er dann ebenso vorsichtig.

Ich nickte.

„Aber trotzdem bist du mir wichtig", sagte Leon. „Du bist einer der wichtigsten Menschen in meinem Leben."

Ich nickte wieder. Der Gedanke an Friederike tat nach wie vor weh, aber trotzdem war ich froh, dass Leon hier war.

„Was ist mit mir passiert?", fragte ich.

„Du bist zusammengebrochen. Du warst voller LSD und anderer Gifte."

Ich musste an die blauäugigen Bäume, an die Kälte, an das Nichts und an meine Oma denken. Ich fing an zu zittern. Aber dann fiel mir etwas ein.

„Wie geht es Amai?", fragte ich.

Leon zuckte mit den Achseln. „Mal besser und mal schlechter. Sie ist immer noch in der Klinik."

„So wie ich jetzt", sagte ich nachdenklich.

Leon nickte.

Und plötzlich ging mir ein Licht auf.

„Der Dealer war Jannis, nicht wahr?", fragte ich Leon.

„Ja", sagte Leon. „Er hat da vor anderthalb Jahren irgendwelche Kontakte nach Polen geknüpft und dort wurde dieser Giftkram zusammengemixt, den er hier dann unter die Leute gebracht hat."

Amais eigener Bruder Jannis.

Ich schwieg und Leon schwieg auch. Eine ganze lange Weile waren wir beide still, aber dann brach Leon das Schweigen.

„Marie, bin ich schuld daran, dass das alles passiert ist?", fragte er leise.

Ich schüttelte den Kopf. „Nein", sagte ich langsam. „Es ist einfach passiert. Ich weiß nicht genau, warum. Ich wollte Spaß haben, selbstbewusst sein, nicht nachdenken müssen. So fing es an ..." Ich dachte einen Augenblick nach. „Ich habe immer so Angst vor dem, was kommen könnte. Vor etwas, das irgendwann passieren wird. Wie mit dir und Friederike. Ich würde gerne alles schon früher wissen, was auf mich zukommt und so, weil ich mich dann irgendwie darauf einstellen könnte. So war es am Anfang mit den Pillen, ich nahm eine und wusste genau, wie der Rest des Tages werden würde. Das war ein beruhigendes Gefühl, verstehst du?"

Leon lächelte mir zu, aber sein Lächeln war immer noch besorgt, das sah ich. Gleich darauf hörte ich meine Eltern kommen. Da schob ich meine Hand in Leons Hand und schlief schnell ein.

Epilog

Marie blieb nur eine knappe Woche im Krankenhaus. Aber der Weg zurück in ein normales Leben dauerte dennoch fast ein ganzes Jahr. Immer wieder erlebte sie in sogenannten „Flashbacks" traumatische Situationen ähnlich dem Moment, als sie während der Klassenfeier hinter dem Schulgebäude zusammengebrochen war. Die bedrohlichen „Baumwesen" kehrten immer wieder zurück und auch die Szene mit ihrer verstorbenen Großmutter wiederholte sich, oft völlig unvorhergesehen, immer wieder.

Und trotz ihrer Angst vor diesen Visionen fiel es Marie sehr lange sehr schwer, sich nicht wieder der Versuchung der Droge hinzugeben.

„Ich weiß, es klingt blöd, aber ich hatte noch monatelang den wahnsinnig dringenden Wunsch, wieder ‚high' zu sein, eine Pille zu schmeißen, eine Pappe zu schlucken. – Ich hatte so eine irre Sehnsucht nach dem glücklichen Feeling, das es einem bringen kann."

Einmal konnte Marie tatsächlich nicht widerstehen. Sie kaufte sich ein sogenanntes „Ticket" und schluckte es während eines einsamen Spaziergangs mit ihrem Hund.

Sie erlebte einen weiteren Horrortrip und irrte stundenlang krank vor Angst durch den Wald, ehe sie jemandem begegnete, der ihr half. Erneut wurde sie ins Krankenhaus eingeliefert. Diesmal kam sie auf die geschlossene jugendpsychiatrische Station. Dort blieb sie zwei Tage.

„Die Flashbacks, die ich danach hatte, waren noch viel schlimmer als die Flashbacks, die ich vorher durchgemacht hatte", erzählt mir Marie. „Ich hatte manchmal das Gefühl, komplett durchzudrehen. Ich bekam keine Luft, ich musste mich übergeben, ich zitterte von Kopf bis Fuß."

Marie seufzt.

„Es kam immer ganz plötzlich und von einer Sekunde auf die andere. Oft passierte es, wenn ich Bäume sah. Aber Bäume gibt es ja eben überall. Man kann ihnen nicht wirklich aus dem Weg gehen. Ich weiß, es klingt lächerlich, aber die Bäume konnten von einem Moment zum nächsten zu wahnsinnigen, bösen Monstern werden, die mich anstarrten, die auf mich kippten, die mich umklammerten, die versuchten, mich zu töten."

Marie schaut auf den Boden. „Und trotzdem, trotzdem, trotzdem hatte ich immer noch Bock darauf, es wieder zu probieren. Ich träumte sogar davon. Ich war ziemlich aggressiv in dieser Zeit. Streit mit meinem Vater war ich ja gewohnt, aber jetzt stritt ich mich auch immerzu mit meiner Mutter.

Und meine Freundschaft zu Franka war ebenfalls im Eimer. Obwohl sie mich im Krankenhaus ein paarmal besuchen kam. Es wurde einfach nicht mehr wie früher zwischen uns. Franka war jetzt ja auch mit Friederike befreundet. Und die Sache mit Leon und Friederike war immer noch sehr schlimm für mich."

Marie wechselte die Schule. Statt in die Waldorfschule geht sie heute auf eine herkömmliche staatliche Gesamtschule. Außerdem macht sie eine Gesprächs- und Verhaltenstherapie.

Trotzdem sind die Ängste und Visionen noch nicht völlig aus ihrem Leben verschwunden. Sie kann keinen Alkohol trinken, und selbst wenn ihr nur der Geruch von Haschisch begegnet, erlebt sie fast sofort einen mehr oder weniger starken „Flashback".

Mit Leon ist sie wieder (vorsichtig) befreundet. Auch Murat gehört heute zu ihren Freunden. Zu Malte hält sie Distanz, da er sich immer noch in Drogenkreisen bewegt.

Seit ein paar Monaten hat Marie eine feste Beziehung zu einem Klassenkameraden.

Während ihrer Therapie schrieb sie einen Brief an sich selbst, den sie sich an ihrem dreißigsten Geburtstag selbst schenken soll:

Liebe Marie!

Herzlichen Glückwunsch zu deinem dreißigsten Geburtstag. Ich hoffe, es geht dir gut. Wie ist es, dreißig zu sein? Hast du schon Falten? Was für Sachen trägst du gerne? Als du sechzehn warst, hast du am liebsten diese bestickte Schlaghose getragen und dazu ein enges schwarzes T-Shirt. Und Schuhe mit Plateausohlen. Du hast manchmal gerne wahnsinnig laute Musik gehört. Und bist ins Naturkundemuseum gegangen.

Wie ist dein Busen heute? Ist es dir immer noch peinlich, dass er ziemlich klein ist? Wie verstehst du dich mit deinen Eltern? Kommen sie dir immer noch fad und öde vor? Sind Welten zwischen euch? Hast du ein Kind? Oder sogar mehrere?

Was macht Leon? Liebst du ihn noch? Gibt es Friederike noch?

Wie geht es Amai heute? Hoffentlich gut.

Und denkst du noch manchmal an die „Baumwesen" und an deine Oma, die so plötzlich gestorben ist? Traust du dich wieder, ihr Grab zu besuchen? Oder hast du immer noch Angst davor?

Ich hab dich lieb. Vergiss mich nicht.

Deine Marie

Adressen

Deutschland

Deutscher Kinderschutzbund Bundesverband e.V.
Nummer gegen Kummer
Kinder- und Jugendtelefon
Tel. 08 00/11 61 11
Bundesweit kostenlos; montags bis samstags 14-20 Uhr
Elterntelefon
Tel. 08 00/1 11 05 50
Bundesweit kostenlos; montags bis freitags 9-17 Uhr,
dienstags und donnerstags bis 19 Uhr
E-Mail: *info@nummergegenkummer.de*
http://www.nummergegenkummer.de

Drogenberatung für Kinder und Jugendliche online
Mit geschütztem Chat montags bis freitags 14:30-17:30 Uhr
Ein Angebot der Jugendberatung und Jugendhilfe e.V.
E-Mail: *info@jj-ev.de*
http://www.jj-ev.de

Deutsche Hauptstelle für Suchtfragen e.V.
Westenwall 4
59065 Hamm
Tel. 0 23 81/90 15 - 0
E-Mail: *info@dhs.de*
http://www.dhs.de

Sucht- und Drogen-Hotline
Bundeszentrale für gesundheitliche Aufklärung (BZgA)
Tel. 0 18 06/31 30 31
bundesweit, rund um die Uhr
20 Cent/Minute aus dem deutschen Festnetz
60 Cent/Minute aus dem Mobilfunknetz

Schweiz

Kinderschutz Schweiz
Schlösslistrasse 9a
3008 Bern
Tel. 0 31/384 29 29
E-Mail: *info@kinderschutz.ch*
http://www.kinderschutz.ch

Verein Schlupfhuus Zürich
ambulante und stationäre
Hilfe für Kinder und
Jugendliche in Not
Schönbühlstrasse 8
8032 Zürich
Tel. 0 43/268 22 66
E-Mail: *beratung@schlupfhuus.ch*
http://www.schlupfhuus.ch

Österreich

Österreichischer Kinderschutzbund – Wien
Heustadelgasse 35/14
1220 Wien
Tel. 00 43/677 619 817 20
E-Mail: *verein@kinderschutz.at*
http://www.kinderschutz.at

Jana Frey wurde 1969 in Nordrhein-Westfalen geboren. Schon als Fünfjährige fing Jana Frey mit dem Schreiben an. Unzählige dieser sehr frühen Werke hat sie sich aufgehoben. Und seitdem hat sie geschrieben und geschrieben und geschrieben. Jana Frey schrieb zu Hause in Deutschland, aber auch in Amerika und in Neuseeland, auf der anderen Seite der Weltkugel. Zwischendurch hat sie Literatur, Geschichte und Kunst studiert und eine Familie gegründet. Inzwischen hat die mehrfach ausgezeichnete Autorin zahlreiche Kinder- und Jugendbücher veröffentlicht, die in viele Sprachen übersetzt wurden. Ihr Spektrum reicht von Bilder- und Erstlesebüchern bis hin zu Romanen für ältere LeserInnen. Dass Jana Frey die richtige Verbindung zwischen realem Hintergrund und fiktiver Ausgestaltung in ihren Büchern immer wieder gelingt, beweist nicht zuletzt die Nominierung ihres Jugendbuches *Höhenflug abwärts* für den Deutschen Jugendliteraturpreis.